寻路集

在全球网络中寻找合适节点

周其仁　著

中信出版集团 | 北京

图书在版编目（CIP）数据

寻路集：在全球网络中寻找合适节点 / 周其仁著 .
北京：中信出版社，2025. 9(2025.11重印).-- ISBN 978-7-5217
-7996-7

Ⅰ. F12-53

中国国家版本馆 CIP 数据核字第 2025KB6865 号

寻路集——在全球网络中寻找合适节点
著者：　周其仁
出版发行：中信出版集团股份有限公司
（北京市朝阳区东三环北路 27 号嘉铭中心　邮编　100020）
承印者：　北京通州皇家印刷厂

开本：880mm × 1230mm 1/32　　印张：8.5　　字数：165 千字
版次：2025 年 9 月第 1 版　　印次：2025 年11月第 4 次印刷
书号：ISBN 978-7-5217-7996-7
定价：69.00 元

目录

第五章
师友同道

前言

问题比答案更重要[①]

看到各位，不禁想起自己初入大学的情景。尽管时代变迁，但求学的本质未曾改变，那就是探求学问。那么，求学究竟怎么求，重点何在？借此机会，我想与大家分享一个心得：求学是求“学问”，重点不在记住答案，而在怎样发问，在于如何提出更好的问题。

这种理解，是我从前辈那里学来的。今天，我想讲述两位对我影响深远的学者的故事，他们的经历让我深刻体会到，提出一个好问题，往往比找到答案更重要。

第一位是张培刚先生。1978 年我从黑龙江农村考入中国

① 本文为作者 2021 年 3 月在北大国发院同学研讨会上的发言。

人民大学经济系，来到北京求学。这是一个极其珍贵的机会。下乡十年，我对社会经济现象积累了许多观察，脑子里也有不少问题。由于规定课程无法完全满足自己，我便主动寻求课程之外的求知机会。听朋友说，北京大学校长办公楼二层小礼堂有一个外国经济学说研究会开设的双周系列讲座，且北大向来有“开放课堂”好传统，我很容易就“蹭”进了张培刚的讲堂。

那时候国内还没有出版张先生 1949 年在哈佛大学得奖的论文。听众中的多数人应该跟我一样，对先生“大有来历”毫不知情。不过听他操着浓重的湖北乡音讲外国经济学说，实在很有味道。他讲解清楚，神情生动，语言幽默。他对经济学和相关学科的知识，知之广博，又融会贯通。尤其讲到农村经济，他在理性的叙述中透着感情，对我有很强的吸引力。

我对有启发力的前辈向来喜欢刨根究底——尽可能找到他的全部作品来看。张培刚在哈佛得奖的论文，1984 年在国内出了中文版，我当然第一时间就找来读了。书中引用过他自己在 20 世纪 40 年代留美之前在中国农村做的三项调查（《清苑的农家经济》、《广西粮食问题》和《浙江省粮食之运销》），我也专门从北京图书馆（现国家图书馆）和社科院经济所图书馆找到。那时没有复印条件，重要章节要手抄。不同于“以农立国”或“乡村建设”派，张培刚研究农村经济的出发点是“变”——向工业化方向转变。他从工业化基础和制约条件的角度来看农家经济，这点对我们后来的农村发展研究影响很根本。

印象最深的是张培刚关于浙江粮食运销的研究，那是一个抗战时期的经济问题，浙江、福建沿海地带城镇多吃泰国进口之“洋米”，一旦战争中断外贸，如何应对？青年张培刚发现湖南、江西等内地农民极端贫困，生产粮食的成本极低，为什么内地粮食反而斗不过进口洋米呢？

有此一问，追下去调查，发现答案在生产成本之外——内地到沿海城市的运输成本比洋米海运进口的成本还高。再追下去，发现“运输成本”又可拆解为粮食在空间移动的成本，以及沿途关卡重重，过路费高昂，甚至土匪抢劫等生产、运输以外的“纯商业费用”高得离谱。真实情形是，内地农民穷，粮食生产成本低，但“纯商业费用”极高！

最后的石破天惊之见，就是先生指出，要降低纯商业费用，就要改善市场体系和组织。今天回看，“纯商业费用”不就是“交易费用”吗？由于战乱环境，张培刚关于浙江粮食运销的研究，在他供职的经济研究所内迁武汉后才于 1940 年得以发表，比首创交易费用分析的科斯之文，晚发了三年。不过可以肯定，张培刚当时没有可能读过罗纳德·科斯发在英国学刊的文章，他是独立发现交易费用的东方经济学人。好问题犹如好向导，把他带向学术高地。

那位科斯教授，与张培刚几乎是同时代之人，先在英国求学，任教，后转美国，成为芝加哥大学法学院里的第一位经济学教授，1991 年因“交易成本与产权理论”获得诺贝尔经济学奖。

20 世纪 30 年代，科斯在伦敦政治经济学院求学，正值欧洲经济大萧条，也许务实学科的前途比较有保障吧，他选的专业是商学，而不是经济学。在商学课程里，他了解企业内部组织结构，从车间班组长、厂长直到公司经理等，全都是一只只“看得见的手”从事着企业管理。这与他修过的一门基础经济学课（价格理论）似乎发生冲突，因为市场价格机制通过价格涨落配置资源，“看不见的手”可以完美协调全部经济活动。还是大三本科生的科斯直面一个问题：为什么在“看不见的手”的市场里，企业却由“看得见的手”从事组织与管理？

为破解问题，当年学子科斯申请了奖学金，赴美调研企业运作。他发现，市场通过价格机制协调生产，实现交易，本身并不免费，要花费成本——寻价、获客、谈判、订约、履约以及处理争议等，这都需要在生产成本以外付出资源和时间。他把这些定义为“交易费用”，并揭示看似自动化的市场里之所以还存在内部实施管理的企业，正是为了节约交易费用，通过企业内部看得见之手的管理，部分代替市场交易，提高效率。

科斯取得学术成就的经验，与张培刚如出一辙，就是把问题看得比现成答案更重要。找一个好问题当向导，跟着好问题走向好答案。

事实上，在所有科学活动里，问题导向都极为重要。当下热得不能再热的人工智能，是众多科学发现与技术发明的跨界合成结果。但论驱动之源，1950 年图灵那一问——“机器能思考吗？”——应该是个元问题。虽然他本人也没有完全给出答案，但他的问题启迪无数后人去寻找答案。在图灵之前，1673 年莱布尼茨设计并研发机械计算机，虽仅能做加减乘除运算，但触碰的问题已是能不能造一种机器来替代人类智力活动。他的“磨坊论证”直指意识本质，至今尚无定论，但他不失为人类探索人工智能的一位先驱。

伟大的技术发明也离不开好问题。人人皆知飞机的发明者是莱特兄弟，但飞机发明面对的真问题，并不是物体能不能飞起来。因为在莱特兄弟之前，早有飞机上天，只可惜无一例外，飞不了多久就摔下来。莱特兄弟是看到德国试飞者摔死的新闻报道，才转过来参与研发飞机。其时他俩在美国经营一个自行车店铺，他们玩自行车起家，对如何在运动中保持平衡有不少心得。莱特兄弟提出和面对的问题，并不是飞机如何飞起来，而是飞起来的飞机如何做到持续平稳飞行。正是这个好问题，导向飞机的成功发明。

几年前访学硅谷，发现有一项技术创新很有意思，起因是神经生理学教授保罗·巴赫利塔问了一个问题：人到底是用眼睛看世界，还是用脑子看世界？他认为，眼睛只是把外部信息传进大脑的一个通道，成像区在大脑里。不少先天性盲人眼睛坏了，但大脑成像功能并没坏，所以如果另寻一个通道把外部世界的图像传输进脑子，盲人也可以看见世界。据此，他们开发了“维看”（Wicab）技术，帮助盲人看见世界。

最后，交代一下我发言题目的来历，那是上海真爱梦想公益基金会的原创。作为一家专做素质教育公益项目的基金会，他们坚持三个信条：第一，问题比答案更重要；第二，方法比知识更重要；第三，信任比帮助更重要。他们的素质教育项目，是围绕这三大信条来设计和执行的。我现场观摩，深受启发。今天就借他们的第一信条与各位分享。

各位来求学当然是为了求知，那就要了解人类知识是怎样发现、发明、创造和积累而成的。多多掌握人类已知的知识固然重要，但更重要的是在此基础之上怎样探索未知，如何培养探索未知的能力。为此，求学重点是学会发问，问出一个好问题。再以好问题为向导，驱动从已知探索未知。这样的学习非常有意思，相比只求一套分数或一个学历证书，我们的学习状态当大有不同。

第一章 全球变局

全球化：国别本位与市场本位[①]

当下热门非常的贸易战或科技战，到底是谁战谁？答案似乎明了，那是美国“战”中国。不是吗？美国政府加征从中国出口到美国的商品的关税，或对中国市场禁售某些科技产品，或禁售某些科技产品给特定中国公司，以及上述所有行为引发中国反制，正是两国交恶、相争乃至“交战”的明证。于是，“中美贸易战”“中美科技战”的标题，占满舆论头条。

不过仔细观察，美国政府加征关税，先损害美国进口商，再损害美国消费者。至于禁售科技产品，首当其冲受制裁的恰

① 本文为作者于2019年9月20日在“北大文研讲座”第139期的主题分享。

恰是美国公司，因为政府不准卖，它们本来可以大笔赚取的收入突然就化为乌有。这样看，所谓贸易战和科技战，都要分为两个层面，其一是国别政府，其二是企业和消费者。从长远看，有利于市场相互来往的政策，才真正有利于任何一个国别政府。

回顾战后全球格局，可以发现，虽然大国主导着国际秩序，但率先走开放之路的，却是小国。从经验来说，大国，特别是后发大国，一般倾向于在关税保护下，选择进口替代之策。美国、德国、巴西、苏联、印度和20世纪70年代前的中国，都曾经借助关税和非关税壁垒保护国内工业。二战后，国家独立与民族解放的潮流聚焦国家主权，也使进口替代成为发展中国家的主导经济政策。问题是小国的国内市场实在太小，即便搞进口替代，也搞不出大名堂。于是像新加坡这样的小国家尝试探索走其他道路，面向国际市场，主动降低关税壁垒，利用比较优势，形成全球投资洼地，从而获得超常发展机会。战后“亚洲四小龙”这几个经济体的快速增长，就走的是这条路线。

小国经验也刺激大国。1978年，邓小平访问新加坡，是“大国主动师法小国”的一个典范。当然大国不能一下子全面开放，但在国内设立经济特区，先局部开放，产生效果再分步推开，却是可行的方略。更重要的是，对外开放推进国内改革，大幅度降低体制成本，释放出长期贫穷所积累的廉价要素参与全球竞争的巨大优势。在改革开放的进程中，中国人的学习曲线快速提升，观念、技能、知识的提升推动了国民经济快速增长。

经验证明，去除国别行政权力对全球贸易来往的制约，有利于各国各地充分发挥比较优势。无论所在国家是大是小，有能力参与全球市场经营的企业就有机会成长为跨国经营的全球公司。这是我们看到全球化过程中冒出那么多全球公司的原因。像荷兰、瑞士、丹麦、新加坡等国土和人口体量都不大的国家，都拥有众多知名全球企业。这些全球化时代的现代企业，超越国别，冲破国门，经营全球，构造当代全球化的微观基础。

当代企业无远弗届，带动全球范围的贸易、投资和移民，提升来来往往的频次与密度，以全球市场诱导全球供应链。虽然国别之间的政治边界依然，但是所有国别政府或主动或被动地为跨国经济活动提供便利。所有国别政府，都不再限于承担维护国内秩序的职能，还要不同程度地参与跨国别的全球治理。这说明，当交易定理、专业化分工、比较优势这些基本经济逻辑在更大范围内发生作用时，人类连接方式在发生重要变化。

全球市场的活力来自跨国别的市场竞争。与任何国内市场竞争一样，全球市场竞争也总有输有赢。在赢家拥护开放与全球化的同时，输家总可能寻机反弹。反弹力量在国别范围里集结起来，并诉诸政治权力时，就通过政治、法律、行政干预对全球化设置障碍，提高经济运行的体制成本。正如过去在一个国家范围内，即便有统一的中央政府，也难以避免地区之间的商业摩擦，在不存在全球政府的现实约束条件下，全球贸易摩擦与争端更加难以避免。

客观评估当代全球化，可以说通是通了，但远没有平："通"带来全球范围比较优势的发挥，"不平"则产生摩擦和冲突。两股力量角力，谁占上风随势而变。纵观工业化以来，先行工业区总成为后来者的赶超目标。一般来看，先进者在明处，追赶者在暗处；先进者易骄傲自大，追赶者埋头苦干；先进者成本（包含体制成本）曲线率先转低为高，追赶者凭后发优势苦苦赶超。因此，先进、发达、富裕从来不守恒，亮眼的繁荣中心从来在地球表面移动。2016 年我利用访学机会，自驾到美国宾夕法尼亚的伯利恒，现场感受当年美国最大的钢铁厂成了一个铁锈巨无霸，才晓得新闻里讲的"锈带"（Rust Belt）究竟是怎样一回事。这也让我从普通人上班机会得与失的角度，理解全球化与反全球化在真实世界的微观基础。

当贸易冲突与麻烦无可避免发生的时候，怕不能仅仅在国别层面观察与处理。全球化市场竞争的赢家输家，首先在国家范围内形成政治集结，各国政治家，特别是大国政治家，处理国际关系首先面对的却是国内公众与舆论的反应。不管触发点为何，贸易战、科技战一旦开打，多半循着“你一拍、我一拍”的逻辑展开。想想啊，对方给你一拳，你还手还是不还手？不论你自己想不想还手，国内公众和舆论都不允许不还手！反过来也一样。这也是为什么说贸易战不可能有赢家。经济学家可以根据理性逻辑，建议单边自由贸易策略，即不靠双边或多边协定，主动决定开放贸易投资自由。这当然是理论上的上选。但前提条件是外部环境风平浪静，尚未形成严重冲突。冲突既起，单边策略鲜少在政治上被接受，原因之一就是“谁也无法向国人交代”。

很清楚的是，贸易战起于国别利益分歧，仅靠国家间博弈，再达成协议的难度不会小，其间有巨大不确定性，对各方市场主体的预期与行为造成严重负面影响，损害经济增长。另外，贸易战僵局甚至还可能转为地缘政治危局。在这种情况下，跳出国别划界的思维惯性，从市场层面的全球化看问题，可以发现新的对策选择，开拓化解贸易战的新路径。

首先要明确，所谓“中美贸易战”，并不是中国企业与美国企业之战。恰恰相反，中美两国企业在贸易战背景下，有更多共同利益和共同诉求。特朗普加征高关税，难道不是同时损害两国制造商、出口商、进口商和消费者的利益？共同的交易利益驱使所有国别的“涉战企业”，采取“避战”、“躲战”或“绕壁垒而行”策略。这也是中国人熟悉的“上有政策，下有对策”，只不过这不再是一国之内企业与政府之间的博弈，而是全球市场里的企业与设置贸易障碍的国别政府之间的博弈。

于是我们看到，在特朗普加征关税以外的地区，冒出来不少新兴出口制造基地，迅速形成强大出口能力。这些地区当仁不让要抓产业转移机会，也要防备可能接踵而至的美国关税大棒，同时也希望加快本地工业化步伐，纷纷对投资办厂设置“本地化率”门槛。其结果是，全球迎来又一波产业转移，假以时日，贸易保护主义的实施成本将大大增加，“贸易战”将取得显著反效果。

至于限制发达经济体内具全球独到优势的技术出口，受伤害最大的不仅是这些高科技公司，还有发达经济体的比较优势。对于阿斯麦（ASML）或英伟达（NVIDIA）这类企业，广受市场欢迎的独门产品意味着超额利润，限制其销售——尤其是针对全球市场大客户——无异于惩罚这些企业为这些成就付出过的努力，甚至等于剥夺了高科技公司的部分财产。更重要的是，从市场赚取的超额利润，恰恰是保持技术领先，从而维系发达经济体持续竞争优势的不二法门。“小院高墙”之类由国别行政权力设置的壁垒，引发的反弹将五花八门，其中最具搬石砸脚效果的，就是逼迫全球竞争对手加紧自主研发，市场买家加快转为卖家。

概括起来，国别本位的全球化正遭遇重大挫折，但市场本位的全球化还会顽强而艰难地推进。从长期来看，国别行政权力终究斗不过基于普通人在全球市场里能够获取的经济利益。即使限制、禁止的大棒满天飞舞，个人、公司、地区与国家之间的比较优势，终究会在人们交流来往和互通互联的市场过程中得以发挥。从国别本位与市场本位两个层面观察世界，或有助于我们得出更客观的判断。

全球化波折和中国经济突围[①]

全球化是一个蛮有意思的概念。人类一直分布在地球上，究竟何谓“全球化”？

个人理解，全球化是指地球上本来就住着很多人，但过去互相来往比较少，随着交通、技术、通信和其他条件的改变，全球各地人们的来来往往变得密切，来来往往的频率增加，来来往往的层次加深，以至于利害相干，甚至休戚与共。

过去时代的经济来往主要是产品贸易。譬如古代丝绸之路，商人们把中国丝绸、茶叶、瓷器卖到西方世界去，也把西

① 本文为作者 2020 年 12 月在“智合论坛 2020”上的发言。

方珍奇之物贩运到东方来。当代的全球化则深入到产品内，同一产品的零件、部件、软件、技术等可能在全球不同地方生产，通过远程贸易，在某地组合成产品。像我们拿的手机，拆开来一点一点追下去，不完全是在一个国家、一个地方、一个公司完整生产出来的。用经济学语言来解释，就是全球范围内以专业化分工为基础的比较优势，被发挥到前所未有、淋漓尽致的状态。

《世界是平的》这本书很多人看过。主题是什么呢？就是这个世界已经被打通，很多地方可以参加全球竞争。随着通信成本和运输成本的大幅下降，集装箱革命、超大货轮，以及空中、海上、陆地无数通道的开通，真把世界打平了，传统的货物贸易进化为产品跨国跨洲贸易，形成全球供应链。

在这波全球化过程中，中国占据一个什么样的地位？

回看几十年来，中国一直在谋求发展，从来没有停止过努力，虽然过程中有过干扰，也有过失误，但总体而言，近代落伍的中国人总是期盼把经济发展起来。

特别是 20 世纪 80 年代以来，中国经济高速增长，创造了一个世界奇迹。现在看，中国奇迹和全球化息息相关。因为二战以后，世界经济两极化，欧美和日本人均收入高，经济总量大，但大批第三世界经济体很穷。战后很长一段时间，新独立国家对主权看得很重，认为要维护主权就必须关门，不能让外国资本、外国技术和产品自由进来，以便空出一个国内市场来搞进口替代，发展民族工业。那时主要的发展中国家都信这套方略，包括中国在内，还认识不到维护国家主权可以与经济开放并行不悖。再加冷战背景，那时就是中国想开放，外部环境也不允许。

到了邓小平时代，开放成为中国国策。这是一个主权国家的主动开放。新的实践让中国人看到不同的世界。首先，发达国家资本充裕，具有向缺少资本的地方投资的内在经济动力。所以早年中国开放，基本就是一个“来”字。

但随着资本、技术、商品和信息进入中国，加上对内改革、搞活、放开，中国的比较优势得以形成，得以发挥和升级，原来以为我们穷得什么也拿不出手，后来发现穷就是要素成本低，在开放比较中就有竞争力。当然刚开始做出来的产品不太像样，但中国人的学习曲线了得，勤奋拼搏的干劲更不得了。于是，中国制造的产品大批冲入世界市场。

中国故事就是这么展开的，对内改革，对外开放，多年贫穷，多年艰苦奋斗，开放后一手吸引外资进来，一手制造产品出去。大进大出之间，是世界级的经济对流，终于把国民经济搞上去了。

但是世界并不“平”。准确地说，新一波全球化“通”是通了，但“通”的过程中形成了新的矛盾，世界通而不平。

2006年我到耶鲁大学访学，路过底特律时，特地去参观福特博物馆。讲解员是福特公司的一名退休工人，他说自己高中毕业后就进入福特，干了一辈子，讲起福特时充满豪情。作为那个年代的美国技术工人，他有房有车，生活实现现代化。但是当我问“现在底特律的年轻人还进福特吗？”，他的神色立马暗淡下来：“现在年轻人不来了。”这个答案不难理解，因为福特可以到中国和其他开放的发展中经济体投资，为什么一定要和美国那么贵的人工结合呢？全球化首先表现为资本容易流动。我又问这位讲解员：“你的孩子还进福特工作吗？”他回答：“我的孩子到亚洲去教英文了。”

这是我第一次感受到这个世界在发生重大变化。再看看统计报告，不难理解，世界是通了，但还远远不平，在不平之通里，新的矛盾产生了。

我们这里几千万农民工加入了对外贸易大军，造出来的产品一船船运出去，改变了世界贸易格局，也引起世界工作机会的再分配，让世界受益，但并不是人人都从中受益。美国贸易逆差当然有很多成因，但世界第一大经济体的贸易赤字越来越高，总不是一件可持续的事。中国原来出口能力薄弱，抓到龙虾也舍不得自己吃，要出口汇买先进设备，而人口众多，靠自然资源并没有多少创汇能力。是改革开放发挥了中国的比较优势，劳动力很多，又吃苦能干肯学习，所以开始搞加工贸易，接着是劳动密集型制造品打进世界市场，加上学习曲线逐步提升，带动有一定技术含量的产品出口。在汇率体制等条件配合下，形成天量贸易顺差。

什么是顺差？直观看，就是很多工作机会在顺差国，做出产品大卖于世界市场。逆差呢？那就是反过来，国内消费的很多产品靠进口，但制造环节在境外。这就是所谓“全球性失衡”。2005年前后，国际货币基金组织、世界银行以及其他国际机构发布过不少权威报告，警告全球失衡带来的风险，因为严重的贸易不平衡背后是政治、就业和收入机会失衡，积累久了，终究要变成集中的政治表现，甚至表现为国际政治和地缘政治的冲突。

这些警告在当时没有引起注意。跨国公司在全球化进程中得益匪浅，资本可以全球流动，产品也可以全球流动。过去哪有这么大的市场？看看微软在中国卖出多少视窗？苹果公司在中国卖出多少手机？如果没有中国市场、印度市场等新兴市场，硅谷的科技新产品怎么能卖得这么多？当然，中国物美价廉的商品也流进了发达经济体，客观上压低那里的通胀率，让美国发这么多货币但通胀率并不太高。同时，全球供应链有助于跨国公司往更高端发展，把制造环节放到中国，如苹果手机在富士康造，对中国扩大就业、提升技术工人水平也有好处。所以，一个时期内，两头都赞成全球化，全球失衡的呼声在很长一段时间内被压住了。

但在发达国家内部，确有受损的利益集团，譬如那里传统行业的工人。经济学家一般支持全球开放，支持自由贸易政策，因为那样有助于各国发挥比较优势，比各国关起门什么都自己造的生产效率要高很多。可是美国的保罗·萨缪尔森临去世时的那篇论文，对全球化打了一个问号，他说过去进行的都是静态比较优势的分析，而没有动态比较优势的分析。他的问题是，如果新兴经济体在原来不具有比较优势的产业大幅提升生产率，并改进经济结构，会有什么结果？

这个问题有现实基础。观察中国和印度，特别是中国，并不会永远满足于造毛绒玩具等劳动密集型产品，产业与企业总要不断升级换代，希望提升附加价值和技术含量。上一个世界第二大经济体日本没造出来商用大飞机，而中国造商用大飞机志在必得。一开始中国只能买人家的，但作为大买家可以提要求，譬如买 100 架飞机，要求把飞机尾巴拿到中国制造，再买 200 架，把机翼拿来生产，一步步加起来，走向总装，再后来就走向自主制造。总之，动态的后发优势谋求持续的升级。

当然发达经济体的企业和产业也在继续升级。但两方进步的速度不一致。萨缪尔森推理，如果一方进步的速度显著快于另外一方，那结局就是“一方永久伤害另一方”。至于这些年哪一方技术进步、产业升级的速度快，世人有目共睹。所以，萨缪尔森等于用学究语言，预先写下了中美商贸争端。

中国这侧，大家还嫌升级速度太慢，方方面面都要努力加速。全球化也提供了后发加速的条件，最得力的就是全球供应链，因为任何技术短板，差不多都可以借全球供应链补上。发达经济体那侧，譬如苹果手机是苹果公司原创，但生产全部在中国。换句话说，美国公司有发明，有升级，有创新，但并不一定带动美国相应的就业增加。这是当代全球化的新挑战。

2006 年我和同学在浙江台州调查，发现台州企业家没有一个是"省油的灯"。李书福早年不是做汽车的，最后去造汽车，不光造廉价汽车，还要造全球最好的汽车。我考察过一个搞建筑的民营企业，开始给人砌墙，一边砌墙一边看人家在里面组装汽车，边干边学，等把墙砌完了，他们回家也组装汽车。

中国落后这么多年，想快一点并多挣一点辛苦钱以外的高附加价值，无可厚非。问题是发达经济体怎么办？它们领先多年，志得意满，觉得全球制高点都在自己手里。现在中国等后发经济体咄咄逼人，急急赶超，高收入国家的进步速率就是不如后发的。那发达经济体倒也加快升级换代啊。全球那么多外汇买美国国债，这些钱被拿去干吗了？好好训练他们的工人了吗？提高在岗工人知识水平，准备产业转型了吗？没有。美国烧了那么多钱打伊拉克战争，国内基础教育、在职工人培育、基础设施投资，却一误再误，还能不酿成麻烦？从全球层面看，低劳动力成本优势不过才开始释放，后面还有越南、印度等一大批，越晚开放的经济体，成本优势越明显。

这就是全球化高歌猛进中隐含着的冲突。这个冲突不到一定时间不会显性化，但它是地火运行，矛盾早就埋下了。我们国家也不完全就是劳动力便宜。我们改革了体制，最关键的是把体制运行成本降下来了。过去，人的成本更便宜，但体制太贵，能搞民营企业吗？能自主出口吗？都不可以。体制改革后，中国人又肯学习，只要能提高收入，从农民开始，每个社会阶层都在学习。你到国际机场看，哪个发达国家的机场里还一天到晚播怎么搞企业管理的？哪有星期六、星期天还满屋子人在上课的？哪有晚上还听什么演讲的？怕也只有中国这样。这就是学习曲线，改革体制，工资便宜，肯学习，一起把潜力释放出来。此前日本就冲击过美国，20 世纪 80 年代贸易战是美日之间打起来的。但今天看，中国人口规模是日本的 10 倍。

全球化一时看是好事情。美国逆差，中国顺差，中国赚了大把外汇买美元资产，买美国国债。有段时间很多人讲“中美国”，就是分开看极不平衡，加在一起平衡得很。

意外就发生在 2008 年。原来以为会是贸易出问题，中美关系出问题，结果是华尔街出问题。华尔街出问题，有说是监管缺失，有说是资本贪婪，但基本面是什么？基本面就是流入美国的钱太多，不光中国买美国国债，很多国家都买美国国债，过去是发达国家对外投资，这一轮全球化是新兴经济体积攒海量美元“投资”美国。美国不差钱，利息当然低，引发投资行为、消费行为失常，以为“这次不一样”，其实都一样，以为将来永远会更好，但高负债、高杠杆，过了临界点就会爆。

我们国内还有“内循环”——外汇进入中国要换汇。跟谁换？商业银行不能都是美元头寸吧？所以要把美元卖给央行。过去中国缺外汇，央行大手购汇增加国家外汇储备很必要，但央行靠增发基础货币买入外汇。随着外汇占款大增，基础货币也大增，经过商业银行转入市场，形成一个“不差钱”的环境，资产价格还不一路上涨？房价从 2003 年以来长期上涨，以至于成为不断自我实现的预言。

简化地看国际格局，无非一个富经济，一个穷经济。富经济就是人均资本多，穷经济则是人均资本少。如果各过各的，富经济生产率高、收入高，穷经济生产率低、收入低。但开放之后，全球资本流动打通，人工虽不能全部移民，但产品可以出口，低工资造出来的产品大量出口。这么个开放之局，谁得利，谁受损？资本首先得利，原来打通的资本在全球市场相对更稀少，因为全球更多人工争用资本，华尔街一马当先赚得盆满钵满。

但富经济里的工人要经受后发经济体工人的竞争压力。一开始美国工人也感受不到，像廉价玩具之类，美国早就不生产了，是“亚洲四小龙”做还是转移到广东做，对美国工人而言无所谓。但中国工人造了玩具造家具，造了自行车再造摩托车，造汽车，造机床，造大型设备，还要造飞机。一波又一波，富国工人在竞争中越来越承受重压。

看来全球化真是几家欢乐几家愁。美国有两个地方高兴，一个是硅谷，一个是华尔街，创新产品卖全球，金融服务占世界。但一般产业工人呢？怕就没有那么高兴了。中国总体都高兴，但是最高兴的还是靠近外资的沿海地区，因为外资和技术管理等先从海外来，谁懂英文，谁在沿海，谁靠近那时的风口，谁就先富起来。全球化福利分布很复杂，美国国内分化，中国国内也分化，结果就是开放中有摩擦，也有紧张。

中国也面临国际环境的变化。几十年凭后发优势高速增长，带起产业结构升级和技术换代，新挑战是全球市场环境再也不同于过去。中国现在“后有追兵”，越南和印度等晚于中国开放，逻辑是越晚开放，要素成本优势越显著。它们跟20世纪80年代的中国很相似，一开始哪哪都不行，但情况会变化，人家也会学习，也搞改革开放，否则那么多跨国公司（包括中资企业）怎么要往那里去？

发达经济体当然是家家有本难念的经。但人家手里有资本、技术，特别是原创性竞争优势，底子还是很厚，贸易战开打，就亮出剑来，否则“卡脖子”从何谈起？

斯隆早就说过，商业竞争就两条，要么成本领先，要么与众不同。迄今为止，我们在全球竞争中立足主要靠成本优势，但论独到性，差距还有点大。这是现实，也是出发点。全球化由于内生矛盾和冲突，遭遇重大挫折，所以这几年给人的感觉是中国经济被围住了，需要突围。突围大方向也清楚，一头争取延伸中国企业的成本优势，另外一头就是要从独创性方面发力。具体讲，是三大突围。

第一，改革突围，把体制运行成本进一步降下来。

第二，开放突围，坚持以更高水平的主动开放应对经贸战，绝不走封闭老路，绝不以封闭对付贸易战。

第三，创新突围。别的不说，作为一个资源极其匮乏的小国，以色列 1948 年建国，今天人均GDP（国内生产总值）为 3 万~4 万美元，手里有一大把独到技术。它的农业，在那么一个沙漠、半沙漠环境里，发展出了菜果出口、淡水出口、滴灌技术出口，海水淡化技术也出口。以色列高度重视教育，但重点与我们有很大不同，他们的教育鼓励孩子挑战权威，鼓励提问题，敢想敢试，从已知探索未知。我们的赶超路线，直道超车也罢，弯道超车也罢，从认知上说都是看到了前面有车才想超。从制造业看，基本是“看到了造”，而没有追向源头，冲着独到性优势发展，“想到了造”。

小结一下。全球化波折和中国经济增长的脉络是清楚的，就是从长期封闭走向开放，发挥了落后经济体的低成本竞争优势。但高速增长多年，全球化格局生变，内生矛盾和冲突外显，中国经济非谋求在新形势下的突围不可。所以我们要一起来研究突围方向，发现并积累新经验。

在全球市场网络里寻求合适节点[①]

地图上任何一个行政块块，幅员大小、人口多寡仅在其次，在科技、投资、贸易、文化等方面是不是与世界相通，来来往往的质量与密度够不够高，才更为重要。

2017 年，笔者有过一个“突围说”，意思是经济被围住了，面临能不能突出重围的挑战。

当时远观全球市场竞争格局，觉得很像一个“三明治”：顶部拥有原创技术与产品，掌控独到性优势；底部是新兴市场

① 本文原为作者 2023 年 1 月在第 14 届财新峰会上的发言，后经作者本人增补内容和修订文字。

里的后发经济，成本优势更具竞争力；夹在中间难上难下的，就是我们这里为数不少的产业与企业，改革开放较早，多年高速增长，成本优势不再，向下难敌低成本新势力，向上斗不赢科创独到性。

由此，高速增长无可持续。近年国际上贸易战和科技战叠加疫情，不但让“经济围局”雪上加霜，还陡然增添诸多非经济压力。以我所见，相当多的地区、产业和企业，遭受多年没有过的切肤之痛。这当然是真问题了。

面对真问题，知道自己的书生之见没有用武之地。不过，我从来相信，但凡有人真难受，他们中一定有人尽力减轻难受，摆脱困境。这是说，若围局为真，突围也必为真。至于终局如何，要看力量对比孰强孰弱，也要看运用力量的策略孰高孰低。事后才有诸葛亮。

这几年的经济观察与研究，于我而言不过就是寻寻觅觅，到处观察企业实践的突围之举，比照意图与效果，体会其间甘苦与成败得失。几年下来，倒也看到经济突围的几个可能方向。今天向各位报告一个题目——“在全球市场网络里寻求合适节点”。

最早让我注意制造业出海动向的，是美的集团。我们上门讨教，方洪波先生请分管国际布局的王建国和他的两位同事介绍情况。中国的“世界 500 强”公司不少，但像美的这样海外营收占总营收之比超过40%的，并不是很多。更为特别之处是，美的外销总量的20%（即250亿元人民币），系在海外制造。公司战略演示里赫然有这么一句："从中国供全球，转到区域供区域。"有意思，"世界工厂"卖全球，不是卖得好好的吗，为什么要转向出海制造，转向"区域供区域"？

无独有偶，位于宁波的申洲国际，也早早就在东南亚布局制造。等我到访公司总部时，这家全球针织服装代工巨头，仅越南一地的工厂规模就远超总公司。问起缘由，老总马建荣说始于国际客户持之以恒的要求。那还是2010年前后，远没有特朗普打贸易战这码事，为什么那些大客户非让在宁波北仑区越做越好的申洲国际，去到人生地不熟的国度重新建厂呢？

去现场看看吧。从胡志明市世通工业园（申洲国际在越南的第一个生产基地）开始，近两年，笔者到访越南、柬埔寨、埃及、土耳其、东非、印度尼西亚等的多个制造业出海项目，今年暑期还访问了设在芬兰、丹麦、瑞典等地的跨国研发中心。边看边问边理解，"到全球更宽处布局"的突围路线越来越清晰。

最早令我产生顿悟之处，是越南一个制造车间。应该是在佛山猎豹公司的出海制造基地，画面如下：新安装的机器前，一名戴斗笠的女工正走到工位。这不就是越南农民工吗？农民工从农民而来，由农民转为农民工，收入数倍增加。农转工人数够多，制造品市场容量才够大。农民工再转城镇市民，城市化加持工业化，分工深化，效率提升，潜藏在传统经济里的能量才得以激发。

这也是中国自己走过的路。不妨一问，要是珠三角永远是桑基鱼塘，长三角永远是鱼米之乡，那么，两地人口再多再密，能有多少工业品购买力？还能不能从服装到建材，从家电到手机，从自行车到摩托车再到汽车，一轮又一轮消费升级，带动一轮又一轮产品换代？不能吧。道理是，传统农业收入断断续续，播种之后，庄稼晒太阳，农民也晒太阳，有一搭没一搭搞些副业，赶个集、摆个摊，能挣下几个钱？工业不同，它有规模经济、批量生产、连续作业，工人天天上班，天天有收入。为什么早年传统农村听闻工厂招工，年轻人无不跃跃欲试？收入数倍增长，才是硬道理。20 世纪 40 年代，前辈学者张培刚先生在哈佛大学的博士论文《农业与工业化》，主题就是农业国工业化，阐释的就是“工业化不可逾越”这一放之四海而皆准的经济发展逻辑。

传统经济不容易自发生成工业技术、机器设备与知识技能。因此，搞工业化，开放远胜封闭。农业常与定居绑定，但是，制造业天生就有“游牧性”，逐成本优势——特别是作者最为看重的体制成本优势——移动，不断到新兴市场布局。经验说,“世界工厂”从来不曾偏安一隅。英国最早发生工业革命，可是，曾几何时，制造业从英国游向西欧、北美、中欧，再到日本、“亚洲四小龙”，再往后在中国，特别是珠三角、长三角，遍地开花。“世界工厂”名头很中听，但仅在一地制造销全球，总有一天销不动。

“世界工厂”在任何地方固然能红一时，但“世界工厂走世界”才是常理。地球上的产业转移，永远不会止步于任何一国一地。

得此感悟，每到一处，我总问新招的本地工人原来是做什么的。绝大多数答案，是这些员工从没有当过产业工人。还不是小数目，像申洲国际在越南招 8 万人，在柬埔寨招 1.4 万人，巨石集团在苏伊士经贸合作区招 2187 人，C&D 公司在卢旺达招 7000 人，江苏德龙在印尼苏拉威西的 VDNI 公司招聘 4 万员工，差不多都是制造业新人。看长远，大批农转工增加收入，本地需求开始启动，对全球经济来说是妥妥的需求增量！很明白，那些农民、街边商铺小贩和手工业者，唯有大规模转工，才有更多购买力来增加对他们本国及外国制造产品的需求！

万事开头难，制造出海不例外。东非坦桑尼亚、乌干达和卢旺达三国，人口近亿，但人均GDP 皆不过 1000 美元。新辟市场如此“一大二薄”，出海企业要怎么做才易于切入又可持续开拓，与那里由薄变厚的经济一起成长？

满街的“TECNO”（传音旗下手机品牌）广告与手机摊位，给人启迪。中国在人均GDP 1000美元那个阶段，手机断无可能飞入寻常百姓家。但是，当代技术进步大幅降低全球后发经济里的新品类消费门槛，即使收入很低，也能汇聚支撑新产业发展的起步容量。可惜访东非日程太紧，除了当街看广告和店铺，无缘拜访鼎鼎大名的传音公司。回国后专门去深圳，才有机会听创始人竺总和他的几位同事细说重头。

传音非洲战法堪称经典。他们进入大而薄市场的第一重点，不是卖手机，而是建本地售后服务网络。当地人看懂了：这家公司不会卖低价劣质货后就跑路。传音手机开售价不高，但性价比绝不低。当年平均售价62元人民币的功能机，不但待机时间够长，还支持一机多卡（缘因非洲电信营运商多，换一个地方就要换卡）。此外，手机本土化要做到极致——天热汗多要防滑，喇叭声量要大，外形要符合当地人审美！转向智能手机，传音一样有别于三星等其他“大牌”做派，精准为本地客户定制，如能在夜间把非洲兄弟姐妹拍得神采动人的摄像算法，能在供电不足地区保证超长待机，甚至摆太阳能硅板的摊位给手机充电！

最可圈可点的，是传音打开非洲市场后，很快启动制造端前移，先运零部件到当地组装，再带动供应链出海布局，发展非洲本土制造。这是增加当地人收入、创造当地需求增量的长远之举。传音经验很明了，提升非洲本土工业化水平，帮助大而薄的本地市场逐步增厚，并让自己这家初创企业在日益增厚变大的市场里茁壮成长。2022 年，传音年销 1.56 亿部手机，年收入 466 亿元人民币，成就了一个“非洲手机大王”的传奇。

对创业精神旺盛的企业家而言，一大二薄的市场很适合小公司初创。我们在乌干达访问过一家摩托车轮胎厂，创始人陈帆来自重庆，做摩托车零配件贸易起家，后聚焦轮胎，并由贸转工，成为乌干达最早、非洲唯一的摩托车轮胎制造商，目前在乌干达的市场份额占到 90%，并在东非多地建厂。陈总说他决意“在很多不同地方做同样的事”，意思是多地汇聚小水也能养大鱼。陪佛山企业团访问东非的全程向导龚武，世纪之交创业进入钢构行业。2008 年，卢旺达国家移民局盖办公楼，在广交会上订得他们工厂的制品。不料发货过去，对方要求派员提供售后服务。公司总工龚文率员第一次远赴非洲，亲身感受当地对工业品的欢迎，以及“对技术劳务的极度尊重”。随后，两兄弟领导的公司连连中标当地建设项目，相继在东非数国建立制造基地，从肇庆制造走向非洲制造。这类故事正在非洲各地源源不断地往外冒。相信假以时日，曾经的草根公司有机会长成参天乔木，过往的小鱼群也有机会再出大鱼与巨鱼。

当然，市场由薄变厚非一日之功。早在 2015 年就联手广州森大公司到非洲开创陶瓷制造的科达集团，画出漂亮的第二增长曲线。成功激发竞争，来自温州的旺康集团也大手笔投资在非洲制造陶瓷与玻璃。岂料两家公司未及放手大干，市场销量就走平了。讲到底，薄市场还是薄，难容头部企业大展拳脚。上文提到传音"与非洲市场一路成长"，随着手机在非洲普及率过半，销售增长率也变得平缓。问及未来发展，竺总在深圳讲了一句，"传音要从非洲再出海"。

对比而言，开设在卢旺达的服装公司 C&D，招工 5000 名还嫌人手不够，我们到访时，正要扩招 2000 名工人。安厂长是位能干的女将，好几年没回国了。"前几年因为疫情（订单不多），最近是订单多到怎么扩张产能也忙不赢。"原来这家公司主做外销，在非洲制造服装出口欧洲。

访谈时恰逢公司谷董事长到工厂视事，交谈下来了解到，这家公司早先的模式是在香港接外单，在内地生产制造。随着成本优势动态变化，边转边走，就把制造基地移到卢旺达。谷先生感言："卢旺达没有外汇管制，但国家极缺外汇，你帮它创汇，它还能不支持你？"其实，立足薄市场做制造，产品外销做厚市场的生意，一直就是"亚洲四小龙"、"珠三角"和"长三角"起飞的秘诀。

这里所谓"厚"市场，指的是人均收入高、消费购买力强的发达市场。物理世界水体深厚之处，浮力总比较大，经济世界也如此。那里还不单是劳动密集型产品最希望进入的目标市场，更是先进制造业理想的目标市场。后发经济体举凡汽车、船舶、医药和新能源等所谓先进制造，谁不想在全球品质品牌高地占一席之地？但是，经验证明，头部企业出海，第一着眼点还不是马上外销产品，而是把研发触角伸向那些集聚全球高端科研、技术、设计和人才的节点，率先出海吸纳，出海融合。

在赫尔辛基访问芬坦达海事工程咨询有限公司（Deltamarin），给我们很大启发。这家全球知名专业船舶设计公司从事各类船舶和海洋工程产品的设计、技术研发以及项目建造咨询和管理服务。公司拥有工程师 400 人，已为全球客户提供超过 5000 个船舶和海工项目的可行性分析与定制化创新概念设计，以及贯穿整个项目执行过程中的设计和管理等服务。

Deltamarin 品牌扎根全球造船业高端客户，多个项目荣获国际大奖和世界之最称号。该公司于 2012 年被中航国际收购，后者的船舶海工业务又于 2019 年被整合到招商局工业集团旗下。此次出场介绍的钟春梅女士，是该公司的一位技术高管，曾在国内造船厂任工程师十年，2007 年受聘到赫尔辛基工作。我问钟女士，作为造船工程师，如何参与欧洲知名设计公司的管理。她回应，造船厂本来就是设计企业的基本客户，从制造端提出痛点和难点，才能激发设计公司提供更高水准的服务。反过来，离开高端技术服务的支撑，制造厂家也满足不了自己客户——船东和船务营运公司——的高端需求，只能陷于低价走量，占据不了全球造船制高点。

哥德堡坐落在瑞典西海岸，是一座风光秀丽的海港城。地处哥本哈根、奥斯陆和斯德哥尔摩三个北欧国家首都的地理中心，方圆300公里内覆盖北欧三国工业最发达地区，是北欧工业联通全球的枢纽。2010年吉利收购沃尔沃之后，此地成为宁波、深圳及东南亚汽车市场网络里的一个重要节点。我们的北欧之行访问此城，重点是成功收购案的续篇——吉利把研发触角从东亚太平洋之滨布局到欧洲西北角，究竟意义何在？

吉利当地老总魏刚介绍，踏足哥德堡，最早看重的是这个“汽车界硅谷”及周边地区聚集了数万名汽车人，囊括近98%的瑞典乘用车企与50%的卡车企业，是当之无愧的全球汽车业高品质制造的一个重镇。吉利汽车设到哥德堡的中欧汽车技术中心（CEVT），成长速度远超预期，很快空间就不够用。2015年，吉利考虑要不要造一个瑞典之家，李书福现场拍板，决定不是只建一座研发中心大楼，而是建造由一组建筑综合体构成的科学园！“科技与商业在这里碰撞，西方文化与东方文化在这里融合”，“为创新提供新的灵感”。今天，五座现代化大楼在约塔河畔拔地而起，魏总带我们参观已开业的UNI3（吉利欧洲创新综合园区），介绍说除了承载移动出行的硬件和软件研发，这个美轮美奂的科学园还包括吉利与哥德堡市政府及当地企业共同创设的孵化器，为当地诸多工业和知名企业（沃尔沃、爱立信、哈苏相机、SKF 轴承等）、两所欧洲名校（查尔姆斯理工大学和哥德堡大学）的人才提供多学科领域的创新基地。从魏总办公室俯瞰生机勃勃的海港，想到 300 年前哥德堡号帆船正是从此地远航广州，不由赞叹李书福和他领导的吉利，在欧亚大陆的西北端，做下一个了不起的“未来之眼”。

到发达地方行并购，设研发，付费共享科学实验平台，不少头部公司早有所为。但是，更多企业还是望而却步，理由也显见——“太贵了”。是的，动辄数万欧元年薪的员工，怎么用得起？厚市场里运营成本从来高得令人咋舌。途中几番研讨，以为算法或有误，要点是不可以脱离生产率孤立比较薪资的高低。是的，绝对来看人工极贵，加上生产率一起算，究竟如何怕要另说。10 月上旬又去过一趟埃因霍温，曾在荷兰南部这座仅 25 万人的小城留学、工作并创业的张少先提供的一组数据发人深省：当下名满天下的阿斯麦共有员工 3.9 万，平均每人每年创营收 53.4 万欧元，创利润 14.3 万欧元；以每年每名员工平均工作 1600 小时计，每人每小时创利约 90 欧元。我问平均小时薪资是多少，少先说约为 35 欧元，加上社保福利也就 50 欧元。看明白：人工成本每增 50 欧元，利润增 90 欧元，这到底算贵还是算便宜？那是厚市场里做企业之道，用很贵的生产要素，创更高的产出与利润。一步登天不容易，先把触角伸过去试试水，练练手，换换气，不是很好吗？

访企业出海，时不时看世界地图。地图上的世界，不同国家被标为大小不等的块块，边界清晰，着色相别。不过，真实世界里，人们的活动并没有全部被框在任何行政块块之内。从古到今，人类来来往往，跨界活动从来不少。越到现代，跨界范围越广，频次越高。

若把商贸、投资、旅游、迁徙及学术、文化和信息交流等各种来往轨迹，悉数投影于地图之上，泾渭分明的国别世界怕要面目全非，被层层叠叠的来往网络线覆盖。这样看，地图上任何一个行政块块，幅员大小、人口多寡尚在其次，在科技、投资、贸易、文化等方面是不是与世界相通，来来往往的质量与密度够不够高，才更为重要。市场经济以企业为本，而企业不同于行政机构，无须也绝不应该作茧自缚，画地为牢。在全球市场网络里选择合适节点，敢于也善于到更宽处布局，是极不确定环境里企业突围的一条可选路径。

地缘冲突的经济后果[①]

我是恢复高考后才有机会进大学读书，毕业时是 1982 年。记得毕业后不久，邓小平几次讲时代特征，关键词一是和平，一是发展，合起来就是“和平与发展”。当时印象很深，因为之前很长岁月里，讲时代一定是“战争与革命”，源于第一次世界大战引爆俄国十月革命。引申出来的逻辑是，帝国主义的本性就是战争，一旦战争爆发，在其薄弱环节就可能发生社会主义革命。苏联时代，认定此逻辑将覆盖全世界，凡论时代大势，总是“战争与革命”。

---

① 本文为作者 2024 年 9 月在新加坡财新 2024 亚洲愿景论坛的发言。

邓小平时代最显著的标志，是改革开放。但离开和平与发展，又何来改革开放？虽然当时以自己的理解能力，并不懂为什么从大家耳熟能详的“战争与革命”，一下子就变成“和平与发展”，但后来的感受再清楚不过，我们这一代人幸运地赶上了和平发展的国际环境，赶上了改革开放推动的经济增长。

时代继续变迁。现在不知道各位怎么看，怕没有谁可以还很肯定地认为时代主题仍然是“和平与发展”吧？十九大报告还有一句，“和平与发展仍然是时代主题”，但二十大报告不再沿用同一判断，在刻画了种种时代之变后，新结论是，“世界又一次站在历史的十字路口，何去何从取决于各国人民的抉择”。何谓十字路口？是不是或者和平，或者战争？

2017年，格雷厄姆·艾利森出了一本畅销书，封面最醒目的主标题是“注定一战”（DESTINED FOR WAR），中译本副标题是“中美能避免修昔底德陷阱吗？”。作者紧扣古希腊历史学家修昔底德的发现——“使战争不可避免的真正原因是雅典势力的增长以及因此而引起的斯巴达的恐惧”——联系当代，崛起国一旦引起守成国被替代的恐惧，它们很容易双双掉入“修昔底德陷阱”。

艾利森是哈佛大学肯尼迪学院的创院院长。2019年我找到一个机会去肯尼迪学院访学，带去的问题之一，就是了解艾利森的想法。诚如他自己所说，书的标题是出版商迎合市场需求而起的，他并没有定断中美之间必有一战。他领导的哈佛研究项目收集过去 500 年内 16 个崛起国与守成国的案例，发现引爆战争的案例有 12 个，另外 4 个则避免了战争。这本著作真正关注的重点，是中美之间采取哪些做法才有机会避免掉入修昔底德陷阱。

不过艾利森也没断言中美之间必无一战。这是说，“必有一战”要打问号，“必无一战”也要打问号。究竟有战还是无战，追究到底还是没人完全知道。我觉得现在我们能知道的是，修昔底德陷阱之说，恰恰为“世界历史的十字路口”提供了某种认知铺垫。

这就带出我比较关心的问题，普通人在世界历史的十字路口可以做什么？在和平与发展时代搞经济，是普通人唱主角，譬如包产到户的农民、进城打工的农民、草根民营企业家、年青一代的创新者，以及把新技术应用到越来越细的分工场景里的各路“牛人”。他们登上时代舞台，在和平发展、改革开放大潮里造就数之不尽的奇迹。如今时代翻篇，人类走到或和或战的十字路口，我们曾经熟识的这些普通人，搞经济的、搞技术的、搞管理的、搞金融及种种服务的，他们将如何应对，如何在十字路口做选择？他们将面对的命运，一定是极其被动、非常宿命的吗？

关于这些挥之不去的思绪，容我与各位做点分享。在春季学期快要结束的时候，我利用同学们复习备考的最后一周时间，到福建泉州一游。早就想去，因为 2021 年 7 月 25 日，联合国教科文组织把“泉州：宋元中国的世界海洋商贸中心”列入《世界遗产名录》。泉州位于福建省沿海的狭窄平原上，是古代海上丝绸之路沿线最大港口之一，尤其在宋朝（960—1279）和元朝（1271—1368）时期。该遗产由 22 处代表性遗迹及其关联环境和空间构成，包括行政管理机构与设施遗址，多元社群宗教建筑和造像，文化纪念地史迹，陶瓷和铁的生产基地，以及由桥梁、码头和航标塔组成的交通网络，这些航标塔曾为航海者提供指引。作为一个向来以农立国的古老文明，中国被列入《世界遗产名录》的地方有很多，但被冠以“世界海洋商贸中心”的，仅仅泉州一个，怎么能不去看看？

泉州那些代表性遗迹，我紧赶慢赶看了 20 个。在泉州海外交通史博物馆里的一幅地图上，从中国南部海域一路向西排列着三个大圆圈，那是颇具代表性的总体印象。地图配有文字说明：“10 世纪是亚洲海洋发展史极为重要的转折点，东西方交流的主要渠道由陆上转向海洋，中东与中国间形成了以西印度洋、东印度洋和中国南海为分区的三个贸易圈。泉州在这一时期得到了极大发展，崛起为新的大型港口城市，开启了繁华宋元泉州的序章。”

400 年间，泉州基础设施建设突飞猛进，建成数十座航标塔、几十个码头和几百座桥梁；临港工业蒸蒸日上，造船、造纸、纺织、烧瓷、挖矿、冶炼行行冒尖；万商云集，不仅各路华商活跃，还引来大批波斯、阿拉伯、印度、南洋以及日本和高丽的商人。《马可·波罗游记》由衷赞叹："刺桐（即泉州）是世界上最大的港口之一，商船如云，商品堆积如山，买卖的盛况令人难以想象。"比他晚半个世纪到访的摩洛哥大旅行家伊本·白图泰，甚至说刺桐"即谓为世界上最大之港，亦不虚也"。

列入《世界遗产名录》的遗迹，印证了泉州当年的辉煌。参观那些经过数百年时光磨砺的遗迹，不免让我辈睹物思人。那些在传统中国里创下如此辉煌海洋文明的，到底是哪些人？那些个宋代远洋沉船，为谁人所造，又为谁人运营？"天下长桥无此长"的安平桥，以及几百座古桥，又是为谁人所建？"三湾十二港"的古码头，沿海为海船引航的高塔和航标，以及那许多称得起"世界宗教博物馆"的庙宇、寺院和草庵，又是谁人所为？好想赶上一场古今对话，听当事人讲讲他们的身世、想法和故事。

缺憾之处，是很少见到对有名有姓普通人的翔实记载。倒是石狮镇石湖码头，让我遇上一个例外。现场竖立的文字介绍，说石湖码头始建于公元 720 年，即大唐开元年间，特别点明"由航海家林銮建造"，由此石湖码头又名"林銮渡"。查林銮是唐代泉州东石人，出身于航海世家，其先祖林尚书为避兵祸，从河南洛阳南下，定居晋江。到林銮这代，拥有大船数十艘，开辟了泉州至浡泥（今文莱）航线。林氏船队当年的航行范围，东达琉球，南达菲律宾、文莱，西至越南。他那代海商，还大力招徕外洋商船到泉州，当年所修林銮渡，为的就是给蕃舶提供一个可靠的停泊处。林銮还耗时 20 年，在晋江沿海建造 7 座石塔，作为便利海洋商贸的航标。

这里有一点重要。宋元中国具有世界影响的海洋商贸中心，虽位处南国，却绝非本地内生而成。林銮祖上为避北方兵祸而南下，不仅仅是个案孤例。泉州本地的最大通海之江得名晋江，本地最负盛名的古桥得名洛阳桥——这两个分明属于中国北方的文化符号，跨地数千里南移至泉州，总不能归于朝廷发文或帝王巡游一时的心血来潮吧？站在林銮渡退潮时露出海面的花岗岩石上，我以为像在北美看到新英格兰、新阿姆斯特丹等地名一样，从中透出来的是客居他乡移民人群浓浓的乡愁。

北京大学出版社 2022 年出版的麦迪森的《世界经济千年史》（精校版）记下一条历史数据，“在 8 世纪，只有四分之一的中国人居住在长江以南的地方，而到了 13 世纪，四分之三以上的中国人居住在这个地区”（第 3 页）。为此书担纲译者的伍晓鹰教授签名赠书，让我有机会读到他为精校本写下的导言。其中点睛之笔，是伍晓鹰把地缘政治和制度建设引入对麦迪森毕生关注的宏大议题的理解。他在文中探讨：究竟哪种制度安排，才有助于消化地缘政治失衡的冲击，从而实现长期经济增长？

麦迪森勾勒世界发展轮廓时，特别注意到威尼斯与东方的海洋贸易因奥斯曼帝国崛起而中断，随后世界经济的繁荣中心转向大西洋，引发葡萄牙和西班牙推进大航海，促成南欧与西欧相继兴起。这类经济重心转移的动力机制，为理解全球范围内的类似现象打上一束理解之光。上引麦迪森提及中国南北人口分布在一个东方大国的巨变，究竟被什么推动？农耕文明本以定居为本，安土重迁，不喜欢离乡背井，何以不过几百年工夫，惊人庞大的人口大规模南迁，创出一大片稻作、养鱼、水运、工商、市镇的新天地，直至冲出“天下”，走向世界，开辟世界海洋商贸新通道？

看来，林銮祖辈们的“避祸”是主力推动。史不绝书的“避祸”、“避乱”、“避兵燹”和“避灾”，还不是因为北方游牧文明与农耕文明冲突不绝，内乱外患频频？所谓“衣冠南渡、八姓入闽”，不过是文字传统重上层、轻底层带出来的迷雾。生灵涂炭、大难临头之际，衣冠大户当然有避祸动机，但普通老百姓不也一样晓得逃离？也绝非仅仅在东晋（317—420）末年才引发移民南下大潮。早在西晋（265—317）及其前朝前代，黄巾起义、董卓之乱、三国鼎立、司马氏篡魏、五胡内迁、八王之乱和永嘉之乱，对普通人家而言，哪桩不是巨祸，哪桩不是大灾？内乱外患交互激发，究其根底，无非是帝王将相凭借武力抢资源，争地盘，其底层逻辑，就是从动物世界一直延至今日人类的所谓地缘冲突。

读经济的知道，1919 年凯恩斯那本成名作，剖析《凡尔赛和约》惩罚战败国的严苛条款为什么将引发德国经济崩溃和社会动荡，并为极端主义崛起创造条件，最后威胁全世界。书名引人入胜——《和平的经济后果》。100 多年后的时代大变局，是不是也提出一个相似的问题——“地缘冲突的经济后果”？对此，似乎不难找出答案的悲观部分。维系和平的努力一旦失败，无数人家生命财产被毁，多少家园、村庄和城市被战火吞噬，多少文明之果被野蛮重新覆盖。至于和平时代的经济增长，转为战时经济、准战时经济或备战经济，注定背离资源配置的效率与福利准则，导致大范围严重经济退化。

但是，完全没有任何有积极意义的后果吗？借助麦迪森观全球数千年的恢宏视野，恐怕还是可以看到。公元 10—14 世纪，北方中国内乱外患，推动经济重心向长江以南转移，冒出像泉州这样称得起“世界海洋商贸中心”的沿海诸港。公元 15—16 世纪，奥斯曼帝国中断了地中海的东西方贸易通道，却经由大航海另辟大西洋到东亚、到美洲的新路径。公元 16—18 世纪，荷兰对抗横征暴敛的哈布斯堡王朝，成就了英国的近代崛起。到 20 世纪，欧洲爆发两场惨绝人寰的世界大战，黄金、资本、人力与人才流聚美国，让山姆大叔有本钱自誉世界“灯塔国”。20 世纪中后期，苏美两个超级大国冷战对峙，全球经济增长新亮点落到东亚。最后，作为东亚奇迹的后起之秀，中国得益于摆脱选边站，从而在“苏美之外通苏美”之处，争得一代人的和平与发展。

西谚云，上帝关上一扇门，就打开另一扇门。老子曰，福为祸所伏。广东人说，一鸡死，一鸡鸣。哲理之言，盖源于人类经验。回到时代直面的挑战——在地缘冲突引发的多种经济活动中，普通人如何面对，有何作为？一个有待探查的命题，是全球经济空间布局将依地缘冲突的严重程度而发生重大变化，经济重心、增长亮点与新的繁荣机会，可能重新移动，可能结成新的来往网络，并在新冒出来的节点上集聚。让我们继续观察，继续探查，以便得出较为恰当的结论。

关注地缘冲突带来的布局变化[①]

我们首先讨论“百年未有之大变局”。今天所谓预期不稳，大家觉得没有把握，甚至犹豫和动摇，根本上来自对我们所处时代的认知出现了问题，国际国内发生的事件，很多都超出了我们的经验。我 1978 年才有机会进大学，1982 年毕业就听到邓小平同志讲，当时的时代主题是和平与发展。从 20 世纪 80 年代之后，我国对时代的判断是和平与发展，至今已 40 年。今后 20 年、40 年会怎么样？现在，对今后 5 年、10 年、20 年会是和平还是战争，谁也没把握。战争或和平，会影响

① 本文为作者 2024 年 11 月在第七届世界浙商论坛上的演讲，后经作者修订与补充。

资源的配置，影响各国政策重点的变化，影响主要经济体之间的互动，也会从更广泛的角度对每一个企业经营的环境产生深刻影响。

美国从 1890 年成为世界第一大经济体，曾经占世界经济一半总量，之后其老大的地位从来没有变过，但现在世界格局发生了变化，出现了后起之秀，最显著的就是中国。新的竞争格局一定会引起重大的反应，一个在位的大国和一个追上来的大国，要完全和平相处并不容易。这一大变局下，浙商能有作为吗？

学者麦迪森有本著作《世界经济千年史》，他研究全世界各国上千年的经济发展历史，得出一条结论——一旦发生重大地缘冲突，世界的经济中心会转移。

这一冲突引发很多战争，也牵动新的经济开发潮流。当年中国的商船大部分是民营的，曾经开发到马六甲的东南亚圈、印度洋、阿拉伯海，直通亚历山大港到威尼斯，和欧洲经济打成一片。

第二个案例是，奥斯曼帝国崛起后，发生地缘政治冲突，伊斯坦布尔被占，东罗马帝国灭亡。所以重大的地缘冲突不完全是坏事，它会带来新市场、新客户、新技术，铸造一个新局面。

更新的例子是，美国是 1890 年崛起的，它为什么能崛起成为世界第一？因为欧洲地缘政治冲突发生后，大量黄金被带到美洲避险，大量人才去了美洲。今天美国科学发达不是它本土的成果，而是因为大量的科学家，包括爱因斯坦，都从欧洲跑去了美国。二战以后，苏美争霸也是一场重大的地缘冲突，结果发展最好的既不是苏联也不是美国，而是东亚，因为双方都要争取这块地方，所以它反而发展得非常快。

现在是全球的布局正在风云激荡，微观上很多企业在找出路，在全世界找落脚的新去处。这种微观现象背后，可能蕴含着世界历史主轴、资源配置的重大变化。浙商对这种变化敏感还是不敏感？

企业搞经济，比家庭、国家有更大的弹性。改革开放初期，经济学家蒋一苇提出“企业本位论”。他论证，企业是经济组织，它和人类历史上搞经济的家庭和国家这两个组织都不同。家庭和国家都有局限性，最大局限就是地域。但企业不同，它是契约组织，只要和别的经济主体有合作的利益，签订了契约，就可以成长到任何地方去。

浙商在全球布局方面做了很多工作，介绍几个我直接访问过的吧。第一位是宁波申洲国际的马建荣董事长。我去访问时，问他为什么把厂设到越南去。他说全球疫情时，加上美国加征关税，他发现布局远是非常重要的，因为如果只集中在一个地区，就很可能发生难以应付的风险。

另一位是浙商张毓强，振石集团创始人和董事会主席，我访问了他们在埃及和土耳其的公司。为什么要在那么老远的地方投资建厂？

传音董事长竺兆江更有意思，国内几乎听不见他的声音。他曾经做过波导手机公司副总裁，在全球多地看市场后，2005年他认定最大机会在非洲，但公司董事会不同意去非洲，他就辞职出来创办传音，专门开发非洲市场。他在非洲开发市场的过程，我到非洲去看，非常受教育。

这些故事表明，在我们这个时代，企业无远弗届，只要找到好客户，就可以走出去，把产能带出去，推进当地工业化；把当地农民转成工人，当地的购买力就能提升，市场就变厚了，否则我们永远找不到全球贸易的增量。

现在我们常说的一个词是“内卷”，为什么这么“卷”？是因为注意力放错了地方。企业把过多注意力放在竞争对手身上，而没有放在客户身上。市场竞争是有对手的，同行都是对手。但市场竞争争什么？是争客户，争客户的好感。你有对手没有的产品或服务，令客户有更好的体验，你才是市场里无可争辩的赢家。

举个例子，宜家家居是瑞典的乡镇企业，发源地在斯德哥尔摩南部60公里的一个贫困山村，创始人英格瓦·坎普拉德的第一个商业项目就是请人画简易家具的图样，发给村民，利用周围山上没人要的树木枝杈做家具。做完后他把家具收起来卖，先帮村民挣钱，他再挣村民的钱，这就是宜家的商业模式。

还有一家公司，生产光刻机的阿斯麦。阿斯麦团队一开始做的只是飞利浦科研中心的一个试验项目，研发光刻机里的一些关键技术，但从来没做过光刻机。后来飞利浦走了下坡路，撑不下去，就让团队自己找股东。他们找到一名优秀的CEO（首席执行官）、企业家。这位CEO要带着团队做光刻机，但看起来根本没有前景，因为美国、日本的光刻机已经遥遥领先，他怎么打这个仗？这位CEO说，如果要上奥运会，非冲着第一名去不可；我们的光刻机是为造芯片的工厂造的，全世界谁的芯片造得最好，我们就冲着谁去，了解它对现有的光刻机有什么不满意，我们就瞄准痛点来研发。阿斯麦的研发，首先是研发客户，研发好客户。

从旁观察，中国企业花在客户身上的注意力似乎还不够，但花在对手身上的注意力又实在太多，造成同质化竞争。可能需要转移注意力重点，从看对手转向更多看客户。

从“看对手造什么我们造什么”转向“看客户更需要什么就造什么”。要有 idea（想法），而这个 idea，从根本上看，来自客户的要求。李书福和瑞典政府、瑞典皇家基金共同投资了一个创新型研发中心，集聚了东西方多路人才。今天中国很多著名公司都把研发机构设到全球多地去，这一点非常重要。因为从全球市场竞争的经验里，可以找到更多角度理解客户。同时在同样的氛围里长大的人才，有时候碰撞不够，因为大家很相似。浙商一定要有不同的人碰撞出新的想法，有一个体系把想法变成技术，把技术结合成产品。所有这些活动冲着好的客户去，不断找更好的客户，用这些经验把企业做成世界级的强大企业，来带动经济转型，适应这个时代。

大变局的未来机会[①]

大变局就是全球竞争格局发生重大变化，其中，比较根本的是美国的变化。决定时代结局的，是看似不起眼的普通人物发现并抓住的新机会。

不管有无准备，我们都必须面对大变局。何谓大变局，是不是可以说，大变局就是全球竞争格局发生重大变化。其中，比较根本的是美国的变化，因为美国的变化对全球有重要影响，对中国的发展有特别重要的影响。中国走上和平发展、改

① 本文为作者在 2025 财新夏季峰会上的演讲，文字经作者修订。

革开放之路，离不开在冷战终结前后中美关系从对抗转趋缓和，中国抓住了当时全球变局带来的历史机遇。

1978 年 10 月，中美两国还没有建交，时任北京大学校长周培源受命带队中国科协代表团与美国国家科学基金会达成关于派遣留学生的 11 项口头谅解。1978 年年底，首批中国留美学生抵达美国。1979 年 1 月，这份口头谅解协议在邓小平访美时正式签署。1979 年 7 月，中美在北京达成双方互享贸易最惠国待遇协议，两国市场互相开放。虽然还需要年度审议，但不论经过多少风风雨雨，中美贸易互惠协议一直延续，直到 2000 年，美国国会通过对中国的永久正常贸易关系议案，此后中国也正式加入世贸组织。1992 年 10 月，华晨中国（CBA）在纽交所挂牌，发行 500 万普通股，每股招股价 16 美元，被超额认购 85 倍，募资 7000 多万美元，上市首日该股股价劲升 25%。我翻看过那份招股书，封面上用小字披露风险，包括公司所在国度曾发生过“文化大革命”，私人财产可遭没收云云。

1988 年我自己第一次访问美国，是受中国留美经济学会邀请，和其他几位学者一起向留学生介绍国内改革发展情况。去了才知道美国大学已有如此之多的中国留学生。次年机缘巧合，我得以到美国几所大学访学，然后进入加利福尼亚大学洛杉矶分校（UCLA）读书。当时我在国内的薪酬不可能负担得起到美国访学的费用，都靠争取美国大学给外国学者学生的奖学金。当时的个人观感是，“山姆大叔”富裕和发达不在话下，还很慷慨。当时接触到不少美国人，一般都没有那种看不起穷地方人的坏毛病。

事后看，20世纪90年代是美国战后的巅峰时刻——自1945年以来美苏争霸的历史，以苏联垮台、美国完胜而“终结”。问题是，美国走向顶峰之后，除了回顾来路，自我陶醉一番，竟一路下坡。其中逻辑，顶峰终是分水岭，难有例外。

特别是近些年，很多人，包括许多美国人自己都觉得不认得美国了。2016年我去哥伦比亚大学访问，看到几篇关于“锈带”的报道，找了个时间自驾去宾夕法尼亚，求一点现场感受。但见一家巨无霸钢铁公司，庞然大物般的机器设备无力拆除，全部锈死在那里。那可是曾给美国第一艘航空母舰供应过甲板、给旧金山金门大桥供应过桥梁的响当当的王牌公司啊！这类锈点还不是一个两个，要连成片，才形成“锈带”这么个经济地理学上的新概念。

流行之见是，美国人工贵，中国人工廉，一旦双向市场开放，海量中国商品卖到美国市场，海量美国投资则进入中国，这是造成美国产业空心化的一个重要成因。一度我也相信这条解释，但反例也不是没有。那些比美国人均GDP和薪资高出一筹的地方，并没有因中国经济崛起而经济成锈。譬如瑞士，人均GDP高达10万美元，工资比美国还高，前几年我在日内瓦问过，瑞士失业率只有1%左右，周围几个发达欧洲国家的工人，每天跨境来瑞士上班。那又是个什么道理？全球化下廉价劳动力冲击发达经济体固然是一方面，但有没有应对冲击的恰当举措？更一般地看，所有先行工业都面临技术老化与后起之秀的挑战，缺乏有效应对，任谁也担保不了先行者能有长久繁荣。20世纪90年代，上海还有500家传统纺织厂，在浙江、广东等地的后发优势冲击下，上海纺织工人成批下岗，工厂成批重组。当时我参加地方再就业经验调查，还不是"无情调整，有情操作"，出台重组老上海纺织产业政策，重点培训中青年工人转岗再就业，同时发展上海新兴产业，熬过几年才化解难题。广东不算老工业基地，但开放后形成的工业能力，起步早，落伍也早，要靠一波又一波"腾笼"，才实现一波又一波"换鸟"。

以此看美国，问题并不是老工业项目遭遇新势力冲击，而是经济体系能不能应对"先发转落后"的挑战。不容易相信，美国作为全球第一大经济体，会匮乏到拿不出振兴国内产业那笔本金。美国的问题，是耗费过多资源维系全球霸权，在世界上摊子铺得太大，分明是个西半球国家，可东半球所有事务它都要插一手。"长臂管辖"固然过瘾，无奈越来越力不从心，结果自己国内的问题一拖再拖，积重难返。"锈带"不过冰山一角，后继的经济社会麻烦越来越离谱。

2022年疫情结束，我跟企业访学团去硅谷，落地旧金山，中午在联合广场（United Square）吃午餐，不敢相信这是2021年被评选为“世界最佳城市”的市中心：商店几乎全部关门，仅开着的几家中餐馆要上木板门窗私下招客；满街无家可归者，950美元以下的抢劫皆不入重罪，商场、酒店唯有关门大吉。还有2024年年底洛杉矶发生的两场山火，百十栋民宅遭烧毁，其中马里布那场山火，离我读书的UCLA不过10公里远，我的一位教授家住在那里，我发邮件问情况如何，回复是“家里烧得只剩一根烟囱”！不是说发达经济就不会遇到自然灾祸，但当着全球电视新闻眼，像帕利塞德（Palisades）这样的豪宅区可以连烧9天，“消防水龙头里就是没有一滴水”，任谁也无计可施，岂不是让人一窥其社会治理能力的本底颜色？

是的，“山姆大叔”越来越力不从心。1945年，二战结束之际，美国经济占到世界总量的50%，那是欧洲列强国力在世界大战中被消耗殆尽的结果。战后世界秩序不得不由美国主导。联合国总部在纽约，世界银行和国际货币基金组织总部在华盛顿，美元成为世界首要储备货币。45年后，与美国争霸的苏联垮台，美国成为单一世界超级霸主，虽然那也并不是因为美国最美丽，而只是一众对手相比而言变丑陋了。1990年美国经济占全球总量之比已降到不足30%，但它要管的世界事务却达到顶峰。此后看大势，美国越来越力不从心地在走下坡路。前文讲过的，顶峰恰成分水岭——对曾经的山巅灯塔之国，历史是不是照样很无情？

2024 年美国经济占世界总量多少？26% 而已。若以购买力平价计，美国占比更低。现在摆在特朗普总统面前两笔大账，一笔是 1.2 万亿美元年度贸易逆差，另一笔是 36 万亿美元政府债务。行家早就阐释，美国贸易赤字与政府债务之间，存在深刻的制度性关联，解决起来牵一发动全身。除非改弦更张，否则美国经济无可持续。现实问题是，连自己国内事情都办不妥当，怎么还可以到处伸手管全世界，继续充当如在 1945—1990 年这一时期形成的全球霸主？且不论别人服不服，美国国内民众会不会答应？

从旁打量，“美国优先”（America First）的含义，是“美国要把解决自家问题置于优先地位”。这句口号也不是特朗普总统首创。自华盛顿总统的《告别演说》开始，美国政治思潮里就埋下“孤立主义”传统倾向。2003 年我在耶鲁大学法学院访问，研究美国土地制度沿革，也知晓一些校园名人逸事。除了以利息理论名满天下的欧文·费雪教授，让人过目不忘的还有一位道格拉斯·斯图尔特。此人是 1940—1941 年耶鲁大学在校本科生，带头掀起反对美国介入和干预欧洲战争的全美政治运动，创立“美国优先委员会”（The America First Committee）。虽说大国不免卷入世界事务，但“先把自己的事情办好”却是常识级别的治国理念。毕竟，美国总统是美国的总统，不是世界总统，更不是人类总统。如若顾此失彼，发生重大偏差，美国政治逻辑终究要向传统回摆。

如此看天下大势，二战以来的世界格局无以为继。一方面是美国再也撑不住那么一种世界格局；另一方面是美国以外越来越多其他国家，越来越不接受美国霸权的继续。这个趋势洞如观火，无论理解上有多少不同，作为趋势性的现象，现实提供的证据几乎无日无之。

不大清楚的是，全球变局究竟会变成一个什么样的新格局。有多种理论推演，其中影响很大的一个是“修昔底德陷阱”。那是凭大历史推断未来——当一个在位的老大，被后起之秀越追越近时，“战争的爆发就不可避免”。修昔底德是古希腊的一位历史学家，研究古希腊两大城邦之间为什么发生伯罗奔尼撒战争，从中得出陷阱之说。当代哈佛大学教授艾利森收集近代以来500年内出现过的16组类似状况，即一个在位强国遭后起之秀追赶，结果发现有12组发生了战争，但还有另外4组幸免。2017年艾利森出版《注定一战：中美能避免修昔底德陷阱吗？》(*Destined for War: Can America and China Escape Thucydides's Trap?*)，时逢中美关系发生转折，一时洛阳纸贵。

2019年，我带了两个问题申请去哈佛大学访问，其中之一想当面听艾利森的阐释。不料讲座开篇，教授就说书名是出版商抓眼球之举。他本人研究的重点，是为什么那4组国家得以避免了战争，特别是关注中美两国各采取什么战略策略，有望避开修昔底德陷阱。

不过，艾利森教授也没有把握说，中美必无一战。像我这个年纪的中国人，青少年时期天天听得“战争与革命”，轮到大学毕业，一路“和平与发展”走过来。现在可以说还是和平与发展的时代吗？不好说。举目四望，地球多地战祸继起，国家之间解决问题靠战争甚至靠核战相威胁。二十大报告里有一句新话，“世界又一次站在历史的十字路口，何去何从取决于各国人民的抉择”。毕竟在世界竞技场上，自 1890 年后一直雄踞第一的美国，卫冕之战很吃力；1840 年前的世界第一大国，近代落伍而在改革开放后越追越急。若以购买力平价衡量，国际货币基金组织早在 2014 年就宣布新的世界冠军已经诞生。不过听我一句，与奥运会大相径庭，现实世界里的政治经济军事竞赛，换冠军伴随换规则、换秩序，这才是现实的全球大变局。

2024 年 10 月，中国人民大学请米尔斯海默来讲美国外交政策，事后看报道，作为“进攻性现实主义”理论的提出者，米尔斯海默讨论地缘冲突的出发点，是认定国际社会处于“无政府状态”之下，并不存在最高权威可以仲裁国家间冲突；世界政治的本底逻辑，是“实力至上，大国为尊”。在此环境之中，大国争霸是题中应有之义。从实力分析出发，他认为美国不宜深陷欧洲与中东，应减少全球驻军，把重心放到东亚，因为中国崛起正形成一个可以挑战美国的“地区性霸权”。

米氏新版《大国政治的悲剧》新增第十章（以及与阎学通辩论的精彩记录），集中阐释上述分析与构想。此君叙事说理，直言不讳而理路清晰。读后有保留之处，是我觉得他的现实主义不够彻底，特别对美国战后至今国家状态的深刻变化，缺乏立足现实的观察与思考。我可能有点想当然，要是一代美国精英多到现场看看“锈带”，多听听美国乡下人的悲歌，那他们是不是更容易回答，美国是否需要更大幅度的战略收缩，以真正实现“美国优先”？

问题是，即便美国政治潮流向孤立主义回摆，做起来也不容易。独享世界霸权多少年，在种种惯性和既得利益支配之下，不是说收缩就收缩得了的。有一年在奥斯汀参观约翰逊总统图书馆，这位曾提出“伟大社会”、推动通过民权法案的美国第 36 任总统，展示给世人的竟是一副悲情形象：越战拖得他欲罢不能，时任国防部长不断报告，如不继续追加兵力，西方多米诺骨牌将全部倒下，苏联势力将覆盖全部东南亚。结果约翰逊一次又一次决定增兵，到他任期即将结束的 1969 年 1 月，派驻越南的美国大兵多达 54.24 万！越战惨烈史无前例，但尽管反战浪潮席卷全美，最后也拖上好几年，到 1975 年美国才以完败结局，撤出越战泥潭。

当下特朗普总统这波“美国优先”会不会利落一点？不好说。“美国优先”并非“美国唯一”（America Only），优先事项之外，其他事项也够他忙的。什么是美国的事，什么是与美国分不开的世界之事，界限划不得那么清楚。米尔斯海默也主张美国撤减全球驻军，不过他又画下一道线，绝不能因美国战略收缩，留出真空让其他“地区性霸权”冒头，将来反噬美国。米氏力推的“离岸平衡手”，想来也不是那么好当的，倘若隔山打牛不见效，要不要开到“此岸”去呢？这样看，世界老格局翻篇与新格局成形，变数绝不会小。

唯可庆幸的是，处在人类命运的十字路口，无论走哪个方向，都离不开搞经济。战备和战争不但离不开经济支撑，还提供和平年代所没有的新刺激和新机会。更长远看，战乱和灾祸还可能推动经济重心转移，甚至生成新的经济繁荣。2024 年财新新加坡论坛，我讲过公元 10—14 世纪的福建泉州——在北方游牧与农耕的地缘冲突中，避祸南下的北方移民创造出一个世界级的海洋贸易中心。类似的故事，还有 20 世纪上半叶惨绝人寰的世界大战，催生出美国经济的超级繁荣；1945 年后美苏冷战，世界经济跑出的头马，既非美国，更非苏联，而是东亚经济体，包括日本、亚洲四小龙，以及后起之秀中国。

全球大变局会终结这类故事吗？不会吧。年鉴学派领军人物布劳代尔曾经告诫，越是大时代，越要关注普通人日常生活里遭遇的变化与他们的行为应对。决定时代结局的，是看似不起眼的普通人物发现并抓住的新机会。

第二章
增长支点

改革是最重要的投资[①]

讨论经济，有一个流行比喻，那就是“三驾马车”。这个比喻把本来庞杂无比的国民经济，简化为投资、消费、出口（其实是净出口）这三匹马拉之车，形象、生动、好懂。派生出来的一个效果，则是把国民经济的宏观调控也看得像赶马车一般，这里一鞭子，那里一鞭子，经济就跑起来了。但从现在的实际情况看，怕不容易有这样的机会，轻轻松松几鞭子，就把经济重新赶回高速增长的通道。

分析一下吧。外需乏力，特别是发达经济所谓“新常态”，

---

① 本文首发于 2012 年 12 月 6 日《财新周刊》，后经作者修订与补充。

不是几鞭子就可以打上去的。倒有一些声音，认为中国高速增长有助于全球复苏。可是过去很长时间，中国靠出口驱动实现高增长，未来究竟谁靠谁，真还不好说。

内需除了消费，就是投资。如何摆布这两匹马，认识上有摆动。刺激消费，向内需转型，讲了很多年，效果不显著。希望拿国内消费的增量来抵消外需减缓，看来也做不到。于是，最近舆论重新强调投资，认为中国经济持续增长还要靠投资驱动。

我的看法是，投资与消费有矛盾，但不对立。从概念上讲，投资就是减少今天的消费，以换取明天更多的消费。譬如今天少吃饭，省下粮食来酿酒，将来喝酒的享受大过今天吃饭，不就是投资了吗？也可以这样看，投资是把时间引入的消费，所谓投资决定，就是在当下消费还是未来消费之间做抉择。

把时间引入投资决定或跨时间消费的选择，会带来不少麻烦。首先，投资可能失败。还说酿酒，可能出佳酿，也可能出劣酒。如果把省下来不吃的饭放馊巴了，更是血本无归，全盘皆输。很明白，凡投资都有可能失败。所以，除了技术、经验、知识和运气，很重要的是要有对投资效果负责的一套体制。

其次，今天的消费与明天的消费，要有恰当的比例。这也是常识：把所有粮食都拿来酿酒，谁也吃不上饭，统统饿死，投资再伟大也没有意义。反过来，吃光分净，将来的享受就没有了。问题是，在两个极端之间，如何保持消费与投资（未来消费）恰当的比例？

答案是，对一个大经济体而言，最实用可靠的，还是要让“相对价格机制”发挥作用。今天吃一钵饭，有一个价；省下来酿酒，又有一个价；酿五年的酒，再有一个价；十年期的，还有另外一个价：靠相对价格的高低，引导无数市场主体相权决策。

以上两个方面——投融资的责任体制与以相对价格引导投资和消费的决策——恰恰是体制转型中的短板。一方面，“政企不分”的老体制特征，在投融资领域表现得极为顽固。“块块”如此，“条条”也如此。党政权力掌控投融资决策，最大弊端是责任链条容易松垮。往往官员人事发生变化，投资责任就再也找不到主。“新官”对上新项目、借新债情有独钟，但通常不爱理上任的旧账。在此制约下，今天减少的消费到底能不能带来明天更高价值的享受呢？这方面缺乏制度保障。

相对价格的问题更大。虽然一般商品和服务的价格大体由市场供求决定，但对于关键的生产要素价格，包括地价、利率、汇率、金融服务费、电价以及教育、医疗和其他生产性服务费等，行政干预依然广泛存在，严重干扰各类主体的投资决策。

举一个例子。工业地价在行政主导的招商引资“竞争”中被扭曲，不但大量浪费土地，形成过剩产能，还把包括民企在内的众多实业组织，诱向“圈地寻租”。利率的歪曲则是另一个严重问题。没有正确的利率指引，跨期“投资”决定差不多就是儿戏。

或有人问，过去我们的体制也远未改革到位，但政府主导的基础设施方面的投资不也取得了举世瞩目的成就吗？我的回答是，成绩不容否认，但过去有两个难以复制的条件。其一，20 世纪 80 年代面对基建方面大量历史欠账，反正道路短缺，电力短缺，通信短缺，港口短缺，哪里短缺就在哪里修，决策不容易错。干这类工作，政府快刀斩乱麻，见效可以很快。

其二，90 年代末以后的那一轮“投资启动内需”，紧接着的就是中国加入世贸组织，外需冲天而来，为那一茬基础设施投资买单，大体没有问题。

2009 年，为应对全球金融危机的冲击，中国发起又一轮以财政、信贷刺激的投资热潮，大批“铁公基”项目上马。这一轮投资，拉动了当时的经济增长率，推助“保增长”策略获得了成功。问题是，这一轮大投资，能不能为未来经济增长所健康消化，是不是形成又一批优质资产？

对这个问题，我认为还要看一看。关键点还是经济有没有足够的“胃口”来消化如此天量的投资。这里的道理说简单也简单，反正修了高速公路，要有车跑，一辆一辆地收过路费，才能把修路投资收回来。同样的道理，修了高铁，要一张一张地卖票；建成了电站，要一度一度地卖电；修了音乐厅，要一场场办音乐会，最后才能把预期的投资效益收回来。反过来，修了越来越多的路，但车流量跟不上来，那就麻烦了。我们的鸟巢很宏伟，不过从投资角度看，如果里面没有“鸟”，或者有“鸟”但不够多，那么“巢”的投资效益就悬了。

新的情况是，越来越多的投资都越来越具有超前性。这就是一个大项目摆下去，未来有没有足够需求并不知道。这类超前性投资，对约束体制有更高的要求。因为决策出错的可能性上升了。如果出错无人负责，那么胡来、乱来的事情就很容易失控。所以，比之于过去，现在更不能离开体制机制讲投资。脱离体制机制，只讲投资拉动经济，很危险。

要明确，所有过去发生的投资，都要靠当下消费来消化。已经酿出来的酒，就得有人花钱打了去喝。消费不足，过去的投资就没有收效。把酒一直酿下去也不是不可以，反正好酒越陈越香，越香越贵，但是最后还是要靠更大的消费力来买单。

鉴于累计投资存量之巨大，鉴于居民收入占比不够高，也鉴于外需增长趋缓，我认为继续靠投资驱动增长的算盘，不可以打得太满。越是想“靠投资拉动增长”，就越要注意消费的相应增长。这两匹马要互相协调，才能跑得又稳又快。

此外，消费也不是打一鞭子就可以上去的。因为消费也受制约。最根本的制约是收入，没有收入增加谈什么消费驱动？这是常识。但增加收入又谈何容易？这涉及很多深层次的改革，特别涉及转型社会最基本的权利界定。

比如裁判到底能不能进场踢球，过去似乎是清楚的，但这些年好像又不大清楚了，似乎裁判拿个哨子进场踢球，还是一道很“中国模式”的风景。在很多情况下，又何止裁判踢球，简直是拿了根棒子在那里抢球！官与民争利，哪里还谈得到提高普通居民的收入？没有收入的实质增长，怎么增加消费？所以，消费也不是打一鞭子就会上去了。

提高收入还受到更根本的制约，那就是生产率。如果生产率进步慢，或者市场竞争力不够强，国家就算下死命令给所有人加工资，经济也不能持久增长。因为那样的“收入”，没有可消费的商品和服务的相应增长来支撑，无源之水，终究会枯竭。

从未来 5 年、10 年看，把投融资体制改革到位，让市场的相对价格机制更充分发挥作用，全面重新界定权利体系，我们才能真正处理好投资与消费的关系，才能支持国民经济的长期健康发展。

创业、创新与法治

当下的经济形势比以往任何时候都更加需要鼓励创业和创新。2007 年以来，中国经济的增长速度已经减低了相当多，而不少企业遇到严重困难，面临内需不足，过剩产能淘汰，度日维艰。出路何在？最重要的就是鼓励创业和创新。任何市场经济，由于转型、升级、技术革命和商业模式变化等，总会有一批企业要面临淘汰、破产、重组，问题是，有没有一批新企业能顶上来？有多少新企业在新的条件下找到新的生存模式和发展模式，提供新产品和新服务？这有决定性意义。当国民经济和全球格局发生重大转型时，创业和创新尤其重要。

影响创业和创新的因素非常多，涉及整个社会流行的观念、氛围、政策、法律、企业家精神和政府服务，还有全球形势变化等。其中最需要的，也是现实社会中较为薄弱的，就是法治。

我们知道，“法治”（the rule of law）概念虽然并非出自本土传统，但一直影响中国现代化进程。改革开放以来，“依法治国”深入人心。1999年通过的宪法修正案，把“建设社会主义法治国家”列入国家根本大法。此处的“法治”，就是社会靠法律来治理，而不是靠任何公民个人治理。人类历史的教训是，现代化靠法治，不靠人治。

法治的意义非常普遍，因此成为宪法准则。具体到创业和创新，法治尤其重要。道理说来话长，要点一是法治约束并保障自由，而创业和创新依赖最大限度的自由；二是法治提供稳定预期，而创业与创新面对更长时间、更大不确定性，预期不稳，难以成事。

或有不同意见：1957年苏联卫星上天，“斯普特尼克时刻”惊醒美国和西方世界，难道也靠了法治吗？我的看法是，军备竞赛刺激的科技发展，或实施后发赶超，目标清楚又较单一，集中资源志在必得，命令体制或也管用。但市场创业与原创型创新，不确定程度高，就需要最大限度的自由，需要对敢冒风险的鼓励，需要容得下“一将功成万骨枯”。反过来，如果创业创新努力随随便便就被终止，甚至被罚，被批，被戴犯法帽子，好不容易出个成果，随随便便就可以被拿走，随随便便就被任意侵犯，那谁还会努力创业创新？

当然我们的宪法表述也切合实际，目标是“建设法治国家”，而没有说已经建成法治国家了。“建设”是个过程，非方方面面的努力不会自动实现。下面从几个实际案例来看，为什么法治对于创业和创新至关重要，为什么建设法治国家还需要长期努力。

案例一：陈氏兄弟与IP电话

在传统通信技术下，两地通话时，线路会被独占，无法共享。但随着互联网的发展，语音信息可以通过数字化处理转换为数据包，并在网络中以分组形式传输，使得同一条线路可以承载大量数据包，从而显著提升通信效率。这一技术自1995年起开始应用，但初期由于网络回音严重，通话质量不佳。后来，一家以色列公司成功解决了这一难题，使IP电话得以进入市场。

1997年底，福州马尾区的一家民营企业——陈氏兄弟公司，率先利用IP电话技术开展业务。由于IP电话相比传统电信业务价格低廉，迅速受到客户欢迎。当时，福州有大量华侨家庭，国际长途通话需求旺盛，而传统电信的国际长途费用高达每分钟28~32元。相比之下，陈氏兄弟的IP电话每分钟仅需4.8元，价格优势显著，因此店门口常常排起长队，生意火爆。

然而，这种成功却引起了当地电信部门的警觉。区电信局以“侵犯国家电信专营权”为由，要公安机关以“非法经营罪”查封陈氏兄弟的生意，并将他们告上法庭。马尾区法院裁定电信局胜诉，陈氏兄弟随即向福州中级人民法院提起上诉。时任福州中院院长审慎调查，召集各方证人，认定IP电话并非传统电信业务，不应自动纳入电信专营范围，判此案发回重审。

这个案例凸显了法治的重要性。首先，是否存在明确、公开的法律依据？其次，过去法律规定的电信专营范围是否直接适用于新兴技术？更重要的是，能否有独立公正的第三方裁决，确保司法实践有利于鼓励创新？事实上，虽然陈氏兄弟案最后在电信部门的干预下依然败诉，但该案推动了IP电话在中国的合法化。同年年底，信息产业部正式推出IP电话服务，最早的官方定价正是陈氏兄弟率先设定的每分钟4.8元！

每当回顾这一案例，我都会想：如果当时法治环境更加完善，这类对新技术的市场应用做出快速反应的“先行者”得到某种保护和鼓励，对一个社会的技术进步会产生什么样的长远影响？这一案例表明，除了高喊“鼓励创新，支持创业”，还需要发出更清晰的保护和鼓励创新与创业的可置信的信号。对于企业家自身而言，要取得创业创新的成功，应该关注法治环境，培养并强化依法治准则保护自身权益的意识和能力。

案例二：早期快递业的争议

快递行业的兴起，是商业活动日益频繁和时间成本上升的必然结果。随着人们需要更多高效物流的服务，商业文书、商品样品乃至全国范围内各式各样的包裹寄送成为成长迅速的新市场需求。20 世纪 90 年代，快递市场崛起，民间冒出“小红帽”等民营快递，联邦快递等国际物流巨头也进入开放的中国市场。

然而，快递业务刚刚起步，便遭遇了合法化争议——非国家邮政机构是否有权经营快递业务？当时的邮政部门认为，根据 20 世纪 80 年代颁布的《邮政法》，信件投递属于国家专营，因此快递业务理所当然应由邮政系统专营。但问题在于，传统通过的法规是否自动适用于由新技术定义的新快递业务？

记得当时有位邮政系统领导在电视采访中打了个有趣的比方：“牛跑得再快，它还是牛，当然还归牛倌（邮政）管。”这一观点强调，即便快递业发生技术创新，也仍属于邮政业务范畴。然而，批评者则认为，邮政专营的初衷是为了保障公民通信自由，仅适用于居民和机构之间的普通信件，而商业快递主要寄送的是包裹和合同、票据等商业文件，并不属于传统意义上的信件。

这场争论涉及两个核心问题：原定法律是否应当随着社会变迁而经由程序调整？新技术、新业务已经出现，但新法律尚未出台之际，这些新活动是不是可以列入“法无禁止即自由”的范围？

最终，经过多年政策调整和市场各方博弈，问题得到解决（具体细节此处不展开）。于今回顾，如果听凭当时“牛倌管牛”说始终占据上风，后来如火如荼的物流快递行业恐怕根本无法发展起来。如果所有包裹都必须由邮政独家配送，每天几十亿个包裹该要多么庞大的邮政部门？

事实上，改革不仅推动了民营快递的崛起，也促进了邮政服务的改进。市场竞争的引入倒逼邮政提高效率，优化服务，使整个行业和全体被服务对象受益。这个案例再次说明，创新需要的市场空间，依赖法治建设与时俱进。

案例三：铁本钢铁梦

铁本是江苏常州的一家民企，创业老总叫戴国芳，靠回收废旧钢铁起家，后来承包炼钢厂，有了积累才搞起自己的钢铁厂。2003 年，我国钢铁产业开始又一波火热，铁本公司门口每天都有卡车排成长龙等着提货。按当时估算，这股钢铁热起码还可延续五六年。在地方政府的鼎力支持下，戴国芳在长江边占地 6000 亩建了高炉和码头，扩大产能。不料 2004 年宏观调控，铁本因违规用地、乱上项目被公开点名，戴国芳等几名创办人悉数被抓。

我到现场访问相关各方，包括经批准到常州第一看守所访问戴国芳本人，曾作文章评论此案。铁本炼的是钢，又没种大烟，也没卖毒药，并没有在市场上损害他人。至于宏观过热，那是宏观政策问题，不应该在微观上由一家民企来担责。还有违规用地等，都经过地方政府程序，就算有错，改错就可，何须铁腕办人？再说当时舆论说铁本偷漏税款多少亿，结果法院查了 5 年，宣判书里明确“案发前，铁本主动向税务机关补缴了税款”。最后羁押戴总近 5 年后才宣判，刑期不长不短，正好 5 年，判毕当场放人。那长江边上 6000 亩地的“新厂”，我也去看过，几座建了一半的高炉矗在那里好几年，荒废掉了，包括银行多少亿贷款的投资，一并埋在里面。无论如何，这总不是一个法治标杆。

这些案例说明，法治还真不仅仅是政治的事情，仅仅是司法的事情，或只值得舆论和学界关注。法治也事关产业、实业、企业和企业家，特别事关创业和创新。经济转型越深入，创新越频繁，法治建设就越重要。

因此，企业和企业家非关心法治不可，非积极参与法治建设不可。我的论点倒不是法治建设只靠企业和企业家，但企业和企业家确实可以在法治建设方面有所作为，也应该有所作为。

“起飞”后的增长[①]

2019 年 1 月，海闻老师在中国经济大讲堂讲过中国经济起飞的题目。今天我选这个题目继续发言，是想借此机会，对海闻老师多年来花心血建设经济学学术共同体，表示敬意。

“起飞”，有很高的辨识度。在研究增长或发展的经济学领域中，只要提到这个概念，人们就会想到沃尔特·罗斯托。罗斯托是一个充满争议、影响巨大的经济学家。他是俄罗斯犹太人后裔，移民到美国后，先是耶鲁高才生，后去牛津读硕士，最后又回耶鲁拿博士。毕业后他在美国和英国几所知名大学任

① 本文为作者 2020 年 12 月在第二十届中国经济学年会的发言，后经作者修订。

教。二战期间，罗斯托受聘于美国战略情报局，跟着另外一位经济学家用专业知识为盟国反法西斯战争服务，分析研究怎么轰炸德国能尽快赢得反法西斯战争的胜利。

战后罗斯托在麻省理工学院任教10年，研究经济史和经济思想。他发现，如果发达经济体向发展中国家提供经济援助，不但能帮助后者更快达到现代经济增长的临界点，也能让发达经济从中受益。在冷战时代，罗斯托受到肯尼迪和约翰逊两位美国总统的赏识，成为白宫决策智囊人物。其间他引起的最大争议，是主张美国对越南大规模增兵并轰炸，以遏制苏联势力扩张。随着反战潮流席卷美国和白宫易主，罗斯托重回学术界，但差不多所有重要的学术机构都不愿聘他。1969年他在约翰逊总统老家的得克萨斯大学奥斯汀分校获得教职，从此埋头学术，直到2003年去世。1990年他出版《经济增长理论史：从大卫·休谟至今》，是一本1000页的英文巨著，罗卫东教授组织了该书的中文翻译，由浙江大学出版社于2016年出版。

罗斯托关于经济起飞的思想，最早是在1952年“不经意地”被写入关于经济增长进程的著述。1958年他受邀在剑桥工业化讲座发表讲演，讲稿于1960年公开出版，书名是《经济增长的阶段》。

他的这套想法，比较可取的就是把经济增长看作一个持续的过程，而不是用一个无涉时间变量的函数就可以描述和刻画。他认为最值得研究的，是在整个增长过程中，如何从传统经济跃向现代经济增长。

现代经济增长的基础是人类主动并大规模应用科学技术，重新定义经济资源，改变要素投入的产出效果，由此保证经济增长水平大幅度地超过人口增长，实现人均收入显著并持续提升。在这个大转变里，罗斯托抓住一个关键节点，那就是从极其缓慢的传统经济走向现代经济增长，非要有加倍的努力，非要有一个加速度不可。为此他借飞机起飞来类比经济增长——飞机从停止不动到飞上天空，不但先要加速运动，而且要达到极强的瞬间加速度，让飞机升力超过地球对飞机的引力，实现起飞。因此，罗斯托的增长理论也被简称为“起飞理论”。

罗斯托概括了实现起飞的三个临界条件。第一，投资要占到国民所得的 5%~10%，如果达不到，经济增长赶不上人口增长，那就飞不起来。第二，要形成主导部门，即本身增长更快，且对其他部门有带动作用的经济引擎。第三，罗斯托把很多其他研究增长的经济学家所处理不了的科学技术、创新、冒险和企业家精神，一起纳入起飞条件。他认为，要形成一个生气勃勃的企业家群体，前仆后继从事冒险与创新，才能实现现代经济增长。达成这三条，经济就能实现起飞。罗斯托认为起飞阶段通常要二三十年，然后趋向成熟，趋向大众高消费，趋向他后来定义的第六增长阶段即高品质生活。

海闻在他的讲座里借用“起飞”来概述中国经济的发展变化。他说中国这架飞机非常大，所以起飞的时间可能会长；起飞以后，需要持续的时间也要更长，才能走向高度的成熟。我想在海闻讲座的基础上，再做一些讨论。首先是中国经济何时开始起飞的。在罗斯托的原著里，他写到中国和印度的经济起飞始于1952年。那时中国已经结束了战乱，有了统一的国家主权，开始大规模推进国家工业化，并在国民经济中形成强有力的工业部门，投资率也超过10%。这与麦迪森关于中国长期增长的研究结论一致，他也认为是从1952年开始，近代中国在人均所得水平上积弱积贫的走势才掉头向上，开启直追西欧新历程。

按照罗斯托的理论，如果1952年开始起飞，过了二三十年，到70年代末80年代初，中国的起飞就完成了吗？这个结论恐怕得不出。虽然中国的投资率平均高于10%，也扩展出一个门类比较齐全的国家工业体系，但整个结构还带有传统经济的顽强痕迹。总人口的80%在农村，农民极度贫穷，缺乏消化工业产品的内需能力；文化教育科研基础薄弱，尚不能大规模承接并扩展现代科技成果，特别是受体制限制，还没有出现企业家群体。我的同事张维迎老师，1959年出生在陕北榆林吴堡县的一个山村，他有一篇精彩传神的网文（《我所经历的三次工业革命》)，生动地记录直到他1978年高考上大学之前他家乡的状况以及后来发生的巨大变化。即使到了80年代中期，只要认真观察过中国农村和农民状况，应该都不会说中国经济已实现了起飞。

再过30年，中国经济是不是实现起飞了呢？我想，对于这个问题的回答分歧就会比较小。因为到2008年时，中国经济已持续几十年近乎10%的高速增长，也持续了几十年的超高投资。高增长主导部门一个接一个出现，现代科学技术应用也扩展到国民经济的更大范围。更重要的是开启了中国经济全面对外开放，也打开了城乡之间的大门。改革开放带来国民所得的高速增长。2008年9月，当科斯邀请几十位中国企业家、地方官员和学者到芝加哥大学专题研讨中国改革开放经验时，世人总应该可以说中国经济实现了起飞。次年，中国经济成为全球第二，再过几年光景，中国分别成为世界出口第一大国、贸易第一大国以及工业产能第一大国。

不过，也正因为中国实现了起飞，并在2008年之后遇到新情况，面临新挑战，让我们看到起飞理论的一个薄弱之处，那就是对起飞后的增长缺乏仔细研究。这或许是因为罗斯托当年的注意力，过于聚焦发展中经济怎样实现起飞，怎样完成从传统向现代经济增长最为关键的一跃，但是对实现起飞后的经济，多少就掉以轻心，似乎那就比较一帆风顺，一定合乎逻辑地走向成熟，走向大众高消费，然后走向高品质经济增长。

罗斯托以飞机起飞类比经济增长，但他或许没有理解飞机起飞的困难所在。人们都说莱特兄弟发明了飞机，实际上莱特兄弟是受到更早飞天筑梦者失败消息的刺激，才走上研制飞机之路的。据记载，早在 1896 年 8 月的德国里诺山，奥托·李林塔尔为创造一个具有独立装置的飞行器，试飞过一架新滑翔机。但一阵风把已飞起来的飞机吹翻，李林塔尔不幸坠地身亡。远在美国俄亥俄州的莱特兄弟听此噩耗，才注意到有人在造飞行器。这兄弟俩不懂飞行，但对自行车以及他们童年时代痴迷过的风筝有着过人的领悟。他们认定，造飞机的难点不在于飞起来，而在于飞起来之后，遭遇空中“猛烈颠簸”时还能保持平衡。新问题引导他们寻找新答案。沿着新的探索方向，莱特兄弟研发数年，终于在 1903 年自驾由他们制造的一架带螺旋桨和引擎的飞机一飞冲天，又平稳落地。

莱特兄弟之后，经过一代又一代科学家、工程师和机械师的不断努力，当代客机早已成为世界级高科技的一个绝妙集合，以至于今天搭乘飞机的乘客，仅需“系紧安全带，坐稳扶好”，就总能冲过对流层里任何猛烈颠簸，飞入平流层，抵达目的地。罗斯托把起飞后的增长看得容易，源自现代飞行器总能由静转动，把跑道滑行、加速起飞、拉升、平飞、降落的分阶段前行演绎得几近绝对完美。

中国的实际经验提醒我们注意，起飞后的经济增长将面临更为严峻的挑战。简要地说，大体有三个方面。

第一，在全球化进程里，如何妥当处理穷国与富国之间的经济关系。这个问题，古典政治经济学家就提出来研究。休谟和斯密都是苏格兰人，而苏格兰相对落后，英格兰比较发达。18世纪初苏格兰和英格兰签署法案成为联合王国后，内生的地区间差距和紧张一直存在。再看整个欧洲，先是地中海时代意大利文明最为辉煌，后来西班牙搞大航海发达起来，荷兰急起直追，英国既与荷兰争先，又与法国较劲。所以最早一代政治经济学家研究的问题，起手就以国际竞争格局及其变化为背景。其中一条线索，就是分析原来落后国家与先进国家的经济关系，因为这里充满张力——落后经济体的劳动成本很低，一旦打通贸易，无可避免要对高劳动成本的发达经济体构成某种冲击，正如发达经济体的先进产品很容易占领后发经济体的市场。在这个过程中，经济学“一价定理”将如何表现？反正劳动及其他资源的收入在开放条件下终究要趋向同一。挑战来了：到底是发达地方的高收入掉下来，还是低收入地方的收入快速提升上去？这里存在无可避免的摩擦与冲突。

休谟当年还敏锐地发现，制造业是会跑来跑去的，会从工资高的地方跑到工资低的地方。产业转移愈演愈烈之际，资本移出的富国取什么态度，获得资本流入的穷国又取什么态度？它们彼此怎么相处？当代如萨缪尔森分析过的，后进国家和先进国家都会发生技术进步，问题是进步的变化率可能很不一致，如果一方的变化率持续快于另一方，会不会在经济逻辑上发生“一方永久损害另一方”？这对起飞后的中国经济影响巨大，因为中国经济能够起飞，离不开对外开放，特别是能大量吸纳中国组装和制造产品的发达经济体市场，以及持续从发达经济体那里获得关键技术和基础科研成果，并逐步培育自己的原创研发能力。如果全球化受阻，国际经济关系乃至国家之间关系持续紧张，时不时出现颠簸，中国经济持续增长就不能不受压。

第二，中国经济体量超大，且极不平衡。有关飞起来的中国经济内部收入分配差距过大，包括居民、城乡、区域、不同产业和产权主体之间的收入差过大，已引起广泛注意。但在收入差别的背后，是知识、观念和体制运行成本的极大差别。从改革开放、创新、法治和现代社会治理等任何一个视角观察，中国经济社会都不乏先行者，都创造并继续创造出解决问题的经验。但在超大且极不平衡的约束下，新事物、新生产力和新观念的扩展还相当费力。人们常喊同样口号，但实际行为却可能南辕北辙。实现起飞的中国经济，把身为超级庞然大物的自己整体带向平流层飞得更稳更高，不会是短期很容易完成的任务。

第三，起飞后的增长要维系平衡，但绝不能失去动力。这与地面运动不同，只要减速放缓，通常就能恢复平稳。飞起来的中国经济，还非保持一定动力不可，在有的情况下，甚至还需要加大动力，才能从容应付多种猛烈颠簸。现在的情势很清楚，如果先富起来的人群、行业和地区，减弱而不是继续增强他们继续致富的动力，那么究竟从哪里可以筹措到帮助后富群体、困难行业和地区的财力？毕竟从长期看，高额财政赤字和债务不但不是平稳经济的积极力量，而且是导致起飞后经济发生系统性风险的祸根。这里需要清晰地划分不同性质的抽肥补瘦，也许租金性收入可以也应该多抽，但劳动创造、生产性投资的收益要少抽，因为抽多了一定会减弱经济增长动力。

最后，我们亲历了人类历史上难得一见的中国经济起飞，这是时代赋予一代经济学人的机会与荣耀。中国经济实现了起飞，我们就应该更多研究起飞后的持续经济增长，直面起飞后的各种挑战，研究其间的新经验并做出合适的理论概括。

权利界定的空间表达[①]

今天，我想与各位分享这些年在研究中遇到的一道难题。难题从现象中衍生而来，因此，我们首先梳理一下引发这一问题的现象。

云南弥渡县是北大国发院对口扶贫点，众多老师和同学都曾前往该地。当地村镇存在一个现象，特别引人瞩目——平坝地里密密麻麻地建了很多新旧参半的房屋。从卫星图片上看，弥渡县大部分区域是山地，平坝地稀缺，可耕地更是少之又少。然而，在仅有的很少的平坝地上，却矗立着大量农民

① 本文为作者 2020 年 12 月 11 日在北大国发院MBA讲坛的发言，后经作者修订。

房屋。

我在现场可以观察到：其一，房屋数量众多；其二，房屋大量占用了本可作为耕地的平地；其三，不少房屋处于空置状态，甚至完全无人居住。据了解，当地建造一套这样的房屋，总价在 30 万~60 万元。建房土地由农民从所属集体无偿获取，但建造与装修费用则需农家自行承担。由于当地平均收入水平较低，农民若要盖房，通常要前往城市打工，用在外赚取的收入回老家建房。

房子建成后，大多空置在那里。相较于我在拉丁美洲或印度看过的贫民窟，弥渡这些农民房的质量并不差。但是，从资源配置和收入分配的合理性视角审视，这些现象背后潜藏着重大问题。

宅基地与农民房：两套权利体系

首先是农宅下方这块土地。它看似平常，毕竟所有房屋下方都要占一块土地。然而，在不同的制度、政策以及文化环境之下，建房用地的利用方式与效果却大相径庭。我从事农村问题研究多年，也看过不少农宅，但过去从未留意到农宅下方的土地竟会成为一个问题，因为它看起来是如此“自然”。

2007 年，我前往大理参加一个会议，出机场后途中与出租车司机闲聊，段姓司机讲到其老家离大理 40 分钟车程，父母带着将满 7 岁的孙子住在那里，而他们夫妇两人在大理租房打工。听来蛮有意思，我索性要求先去司机老家看看。到了之后，发现段家地基占地 400 多平方米，两层楼建筑面积约 700 平方米。最有意思的，是段宅门口挂有三个门牌号。问下来，原来是他家买下左邻右舍的房子，合三为一。老段说，儿子很快要去大理上学，此处只剩下老两口居住。虽然离大理并不太远，但他自己跑出租车，妻子打工，儿子上学，还是住城里方便。算一下，老宅占地 400 平方米，而其时大理市区土地拍卖价格每亩达 200 多万元人民币，为什么段家不能转让老宅，然后老老少少一起进大理置业？

这就涉及农村宅基地与农民房这两个概念。宅基地不稀奇，凡有宅必占地，那就是宅基地。但中国农村宅基地就非常特别，因为在法律上，农村宅基地归集体所有，是集体所有制土地。任何集体经济成员，满足一定条件，比如成年后结婚成家且尚无自己的住房，就能无偿从集体领得一块宅基地。宅基地产权属于集体，但使用权却无限期归农民家庭，可由下一代继承。要注意的是，农民从集体无偿领取的，只限一块可盖房子的地，至于盖房以及装修费用，则要他们自己筹措，盖成的农宅也归农户所有，是农家私人财产。

传统中国农村不是这样的。大体从商鞅变法开始，农地几千年都行私有制，各家在自家农地里建房，宅基地也归各家各户所有。20 世纪 50 年代土改，重新分配农地，虽然极少数富家大宅也充公，但绝大多数农民的宅子并未变更，宅基地还是归各家所有。土改后，从互助组、合作化直到人民公社，农村宅基地制度一直照旧，因为经典社会主义公有化的对象是生产资料，即农用土地和耕畜，而宅基地被视作消费资料，如同私家衣服、碗筷一般，无须经由公有化改造。

那么，宅基地制度是从何时开始发生变动的呢？1958 年之后，农村发生了“浮夸风、共产风”，随意占用农民财产，甚至拆除农民住房。这些极“左”行为引发严重后果，非纠偏不足以让农村经济社会恢复正常。1961 年，中共中央制定《农村人民公社工作条例（修正草案）》（简称人民公社六十条），第一次明确规定，农村所有土地，包括耕地、山林、畜牧用地和宅基地等，均归生产队集体所有；同时却又明确，农民住宅属于农民私人财产，可以自住，也可以合法转让、买卖或出租。

自此，中国农村就形成房地分离的情形，即宅基地归集体所有，不得自由转让；房屋则归农民私有，可以自由转让。与之相伴的一套政策与体制，一直延续至今。

制度影响资源配置

这套制度的形成过程涉及法律、意识形态、政策以及地方习惯，本质上是一套权利制度安排。首先，农民作为集体成员有权无偿领取一块宅基地。这是城市居民没有的权利，我们从来没见过城镇居民因为孩子成亲需要住房，就到居委会无偿获得哪怕一小片宅基地来自己建房。

其次，农民领取宅基地后便可建房。当然，建房需遵循各地建筑法规。大部分农村房屋一般在一层到三层半之间，但靠近大都市的城乡接合部，或者一些新城区内的“城中村”，也受极差地租规律支配，在农村宅基地上盖起高层住宅，并向非集体成员出租出售。不过整体而言，我国农村房屋的物理形态与城市的截然不同。

这套制度的基础，是集体成员权。要注意的是，集体成员权有一个发展变化的过程。最早，合作社的社员，是指把自家农地、耕畜等财产入社的成员，他们的成员权其实是合到一起的私人财产权。比如，张家带一头牛、三亩地入社，他家就可获得这一头牛、三亩地的分红权，以及入社劳力的劳动报酬。这与股份公司的股权类似，区别在于，在决策上，合作社行一人一票制，并不是入社牛多或土地多，投票权相应也大。在决定合作社重大事项时，社员权利平等。

但是合作社变成人民公社之后，“集体成员”却不再限于入社社员，因为集体经济并不允许自由退出，而入社社员家庭人口与日俱增，于是社员子女自出生起便自动成为集体成员，也拥有相应权利，包括申领宅基地建造房屋的权利，虽然他们本人从来没有带资产入社（除了自己的人身，他们一般也没有其他资产），也不论他们的父辈是否已经领取过宅基地。农村习俗是所谓“一户一宅”，即青年农民只要成家立业，就可以立户，就有权无偿领取一块宅基地。

随着集体经济存续时间不断变长，集体成员无偿获得宅基地的要求随人口增加而增加，可是入社土地并没有相应增加。这就内生出一个矛盾，如何满足不断增加的获取宅基地的要求？传统上在一个个农民家庭内随人口增加不断细分土地的逻辑，现在轮到在集体经济内部不断重演。

过去，农村和农民很穷，有权领宅基地也盖不起多少房子。这等于给集体成员权施加了一道硬约束。改革开放后，农民收入增加，农村开始变富，这道硬约束就被冲开了。“后包产到户”时期，冒出来诸多新需求，首先就是“盖新房、娶媳妇”。这当然是大好事情。但家家要盖新房，建房占用的土地越来越多，最终演变成一个大难题。

特别是农民收入越来越多来自进城务工经商。这当然也是大好事情。可是城乡之间制度壁垒甚高，农民有了进城打工赚钱的门路，却不容易落户成为城市人。几亿农民身份在农村，收入在城市，每年春运，多少亿人次先回乡再回城，构成一道时代的风景线。其间，正如我们在弥渡县看到的，农村人有能力负担 30 万~60 万元建房费用，但建成的新宅很多空空如也，新宅的主人们来不及好好享用，新年过后就要回城继续打拼。

回到大理司机老段面对的问题，既然在农村拥有不小的物业，也有能力在城市挣钱，为什么一家老小就不能落户城市呢？答案是两点，其一是农村集体名下的资源——即便拥有三个门牌的农民私宅，以及子孙无偿从集体得到宅基地的权利——不得转让给非农村居民；其二，农村居民社会保障水准过低，不足以支持在城市落户。

加到一起算，巨量平地资源被建成农民房，海量建成的农宅却常年空置，农民工在挣得收入的城市难以安居，农民宜居之处能创造的收入流又偏低。这样的资源配置效果，表明制度性矛盾终将受到资源约束，不可能支持经济持续增长和体制延续。

城乡土地确权与流转的探索

现存问题是现存权利界定的结果，于是重新界定权利就成为解决问题的一个突破口。在城乡土地确权和流转这个题目之下，多个地方突破现行政策与制度，重新界定土地权利。我们来看几个具有代表性的地方改革案例。

上海通过“三个集中”，盘活土地资源

第一个案例发生在上海嘉定汽车制造城。当时，汽车城扩建，大量工程师和工人涌入，但上海的城市建设用地极为紧张，因为本地政府建设用地指标严重不足。这种情况很普遍，一个地方经济发展势头越强劲，对建设用地的需求就越大。在高速增长的背景下，“土地饥渴症”非常普遍。

现存城市土地制度对此无能为力。但近在咫尺的上海郊区农村，却有大量宅基地和农民房，利用率很低，市场价值更低。2002 年前后，上海率先出台地方改革政策，推进农民向集镇集中居住，耕地向种田能手集中，工业向园区集中（简称“三个集中”）。其中最关键一招，是农民集中到集镇居住后，可以自家宅基地和农房来置换新房。这些新房按城市住宅标准配置，房屋档次高，土地集约利用程度更高，所以实现置换后，农民不但换得标准更高的市镇住宅，还腾出面积可观的原农民家的宅基地。腾出来的这部分宅基地经过重新规划，除去集中建设新房所需面积，多余部分的长期使用权，经市场拍卖供应嘉定汽车城。

当时，土地竞拍形成的市场价格为每亩 70 万~90 万元，拍卖所得资金足以满足集中建设农民新住宅、新社区的需求。由于农民原宅基地复耕为农用地，所以对于嘉定而言，无须增加建设用地指标，就增加了工商用地的供给。其中的改革突破，就是打通城乡土地市场，允许农村宅基地入市，释放土地级差收益的潜力，既增加城市供地，又改善农居。这是现实逼出来的一条新路径。

成都："星星对月亮"

成都在学习参考江苏、上海、浙江等长三角地区工业化、城市化经验的过程中，发现新契机。这就是在符合国土规划、不突破占用农地总量红线的前提下，试行城镇建设用地增加与农村建设用地减少相挂钩，探索农村集体所有建设用地依法流转的市场化途径。

由此必定要突破部分现行土地政策与法律法规，成都争取先行先试，成为全国首个"城乡融合综合改革示范区"。2007 年，成都组织现场会，由当地主政官员介绍他们的改革思路与试点情况，引起大家的兴趣。会后我到邛崃实地看了一个乡镇的"挂钩"试验，见几十户原本分散居住的农户集中建设一个新社区，规划、建设和管理水平大大提升，所占土地来自原宅基地，所用建设资金则来自节约出多余宅基地指标流转给出价高的城市用地单位。新社区最亮眼之处，是新建一所养老院，十数位孤寡老人被集中安置在此，他们原来破旧且无力修缮的房屋得以腾退，拆除平整后复耕为农地。

拆除旧房建新村，被当地形象地称为“星星对月亮”。原先分散居住的农家如星星，每处房屋占地一块，加上房前屋后，合到一起，占地总面积可不少。集中建设的新区则像月亮，看似规模不小，但通过规划和提升建设标准，反而减少占地面积总量。“星星”占地总面积减去“月亮”占地总面积，多出面积便可以作为建设用地指标出售给城市用户，拿指标换得的资金，就是建设新社区的资金来源。邛崃之行让我明白，所谓“挂钩”，关键是打通农村建设用地入市之路。

市场魔力可真了得。从来土地被归为“不动产”，因为同一块土地在空间上不可移动。成都只消“挂钩”一招，不动产就动了起来——原本在农村的建设用地，居然依托一个用地指标，就“飞”进城市。供求定价，各算各账。不得突破建设用地总量？做到了。不可触动农地减少红线？做到了。增加农民财产性收入和建设新农村？也做到了。这不就是城乡融合发展吗？还要做什么？我以为就是把城乡隔绝、不让市场在最稀缺土地资源的配置中起决定作用的那套过时法律法规，系统地改一改，革一革。

重庆：首创地票体系

重庆在土地创新方面更进一步。在这里，农村集体建设用地流转超越实物形态，抽象为权利凭证，试行在土地交易所公开交易。具体操作过程是，无论农家宅基地或其他农村建设用地的面积是大是小，哪怕只有200平方米，只要符合流程，经过验收，都可兑换成相应面积的“地票”，凭票到土地交易所公开交易。

设在重庆解放碑的土地交易所，采用公开拍卖机制。需要在城市中心区获取建设用地的，不论国有机构还是民营企业，都可参与公开投标，按价高者得的原则成交。拍卖所得款项由土地交易所直接返还出让土地权利人，其中15%归生产队集体，85%归原宅基地户主，并直接打入其银行账户，确保资金不被层层截留。截至2020年9月，重庆土地交易所累计交易地票33.27万亩，成交金额达651亿元人民币。

重庆市行政辖区8万多平方公里，地票模式可以在多种不同情况下统一应用市场机制，在更大范围内“发现价格，促成交易”。由此，农村，特别是偏远地方农村多年闲置或极低效利用的建设用地资源得以盘活，在财政与行政体系之外，为城市增加了用地供应，为农村和农民增加了收入。

深圳：城市更新的多元途径

深圳曾在一夜之间将全市农村户口转为城镇户口。如此急速推进的城市化，导致了新矛盾。因为现行体制规定，凡有城镇户籍的就不再是农村集体经济成员，也不再合法拥有集体土地权益。

但深圳毕竟是一个从小渔村成长起来的新城市，辖区内大量土地都是农村和农民的，也未按现行征地制度经由征地和补偿转为国有土地。一道政令宣布全民成为城市户籍人口，改变不了上述事实。现实情况是，深圳全市面积为 2000 平方公里，“原农村集体经济组织”占地 400 平方公里，其中约 300 平方公里被农民自建的房屋覆盖，在上文交代过的“房地分离”体制下，即便房屋底下那块地被宣布为国有土地，但上盖建筑却依然是农民私有财产，任哪届政府也做不到无偿剥夺。结果，急需建设用地的深圳，城市扩容无着。

数百万住在深圳“城中村”“农民楼”的特区建设者，或租或买“法外”房屋，居住、经商、创业其中，早就冲破“农民物业不得向城镇居民转让”的法条。同时，“合法”开发困难重重，因为几乎每块可开发土地，多少都受“历史遗留问题”纠缠，绊住这座改革开放前沿城市继续快速前进的步伐。

多重约束之下，深圳从“城市更新”找到突破之路。本来作为年轻城市，似乎还谈不到城市更新，但是由于环境、产业、技术和观念的快速变化，全球“新城市主义”认为任何城市都离不开持续更新，否则城市形态无从保持活力。

深圳从自己的实际出发，应用城市更新理念。一个主打方向就是在已建成区发现城市更新题材，实施更新工程，有效扩大城市空间。这方面可圈可点的经验不少。以我看到过的为例，早期比较单调的工业园，经更新成为工业、商业、服务和居住混合的创业园，为此变更土地用途，大幅提升土地容积率，发展新型物业。总之，不再以行政管制的便利为中心，而以满足建设者、创业者、投资者和居住者的需要为中心。

值得肯定的是，城市更新一旦触及“宅基地和农民房”等历史遗留问题，深圳不回避，不躲闪，探索从体制上打破僵局，寻找“合作解”。过去凡城市建设项目，从规划到建成一律以“国有土地”为前提，土地权属不清，任何建设活动都难以合法推进。深圳的城市更新，首先是重新界定权利。更新开始立项时，并不要求进入各方的权利边界已经划清，而是在更新过程里各提利益诉求，谈判，“讲数”，寻找平衡点，达成一致才落笔签协议，签立协议才启动城市更新。

还有一种更现实主义的城市更新，当变更土地权利的难度过大，深圳干脆选一些城中村里比较成片、物业条件比较好的农民房，在政府协同下由地产公司长期转租，然后进行系统加固并重新装修，再由地产公司出租给外来创业人才，租价含政府的人才住房补贴。这就是搁置历史遗留问题，保证原农民物业的收益，增加引进创业人才专项用房的供应。

乐清：给体制风险定价，促进市场成交

在温州市乐清县的不少乡镇，活跃着众多房屋中介。他们的服务，包括通行房地产租售，也响应某些“擦边的市场需求”。我曾以外地人身份，直截了当求购“小产权房”（把农民房卖给无论本地还是外地城镇居民），得到的中介答复是可以办成——买卖双方签订由中介提供的合同文本，缴纳相应服务费，买家即可凭交易合同入住，享有业主实际权益，包括再转卖给下家。但是，无论转手多少道，一般不办理过户。非要过户也可以，但须经两项可选变通之法，其一是外地买家委托本地农村户籍人士代持（中介负责提供），其二是买家与本地农村户籍人士结婚，共同拥有成交物业所有权。

为什么强调“本地农村户籍”？因为当地政策不允许农村宅基地和农民房转让给非本地农村居民。要注意，这已经比全国体制宽松了一码，后者甚至禁止宅基地和农民房向非本集体成员转让。乐清县能够宽限到全县级市范围，还要归于几年前争取到的地方改革试验区。像温州很多地方一样，此地民企发

达，当地企业家到外地投资布局，需要以自己的住宅抵押获得融资，但银行不承认农地农房的抵押资格。乐清通过改革试验冲破了这一障碍。新情况是，外来人到乐清投资经商打工的势头很旺，外来常住人口已达本地人口的 3 倍，其中派生置业购房需求，乡镇上的中介服务应运而生。

从成交价看，“大产权房”高于“小产权房”，同等位置和建筑质量，每平方米平均差价常在千元以上。至于中介服务费，小产权房也低不少。为什么业主愿意少要价，而中介也情愿少收费呢？与当地朋友研讨，主因还是小产权房合法化程度低，不论如何变通，体制风险不能忽略不计。“要是市价相同，中介费也相同，谁会喜欢冒风险买小产权房呢？”换言之，市场在为体制风险定价，减让房价和中介费，博的是鼓励买家冒风险，促成交易。

说来有趣，2015 年笔者曾有机会访问古巴，知道那里的改革进程到了外国公司可购地，但外国人却不可以。可是哈瓦那不少住宅的潜在买家偏偏是外国自然人。我曾随买方上门看房。那是一栋位置、环境和建筑格局均属上乘的独门小院，房主卖房移民外迁，要价 45 万美元。买家极感兴趣，但涉及过户手续，卖方抱歉地说，现在只能用变通方法，一是找本地人结婚，二是找古巴人代持！地处东西两半球，变通之道却如出一辙，也太有意思了吧。

小结一下。中国城乡土地问题难上加难，源于现行体制政策与经济发展的实际要求脱节。从全国范围看，权利重新界定并通过新的法律，难度依然不小。地方性改革试验提供了突破的经验基础，但全面开通农民宅基地和农村建设用地入市之路，尚需各方持续努力。

经济政策备选项的几点思考[①]

我国经济增长潜力巨大。但需要持续坚持改革，针对新情况采用新政策，才能释放潜力，推进中国式现代化。本文是笔者在各地调查访问，接触到具体问题时对经济政策的思考，或可以作为政策备选项，简要记录，便于进一步研究。

一

我国经济体量已经很大，对症下药的改革政策，除了药方

① 本文内容写于 2018 年 4 月至 2025 年 7 月。

对，用药量还必须足。“大象感冒，不能用小勺喂药”。方子对，药量足，政策措施才能见效。美国宣布减税后，2018年中国如何应对，国内国际都关注。考虑吸取过往经验教训，与其等冲击波显现后再做过激反应，不如主动把子弹打够。中国要乘势自我改革。减税降费要有足够力度，非减支，才有可靠基础。在继续实施积极财政政策的约束下，减支减税降费都很难，但还是可以把形式主义行政开支大幅度减下来。

国企改革、农村集体建设用地改革、自贸区和自由港，药方子都对，要考虑的是加大用药量。

二

显著降低企业与职工社保缴费比率。当下国民经济增长的严重障碍，首推“内需不足”。要害是收入中的强制储蓄部分偏高，企业与职工好不容易从市场挣得的收入，法定扣除占比过高，挤压企业职工收入与消费。解决思路是考虑把国有资本划入社保，然后大幅度降低企业和职工的社保缴付率。目前我国养老金如果依法足额扣除，占工资之比高达24%，比发达经济体平均水平多一倍。减少强制储蓄，增加职工可支配收入，有助于提振内需，刺激消费。这项政策已推出多年，但实际从国资划拨给社保基金的资产及其分红远低于预期。考虑采用倒逼法，即先决策把社保缴纳法定比例大幅降到与国力民力相适应的水平（譬如企业和职工法定缴纳养老金共占工资的 12%），然后对国资、外汇、公积金管理等部门分派向社保基金划归的资金数额，补足社保支付缺口，确保社保基金健康运行。

三

推动城市自由落户。根除城乡居民身份歧视，实现自由迁徙和落户，是中国特色社会主义不可或缺的内涵。目前，仍有 2 亿多城市常住人口无法获得所在地落户资格。症结在于，不同原户籍人口的社会保障水平天差地别。如果就高不就低，准许落户就补齐各种社会保障，国家财力做不到。但身份等级长期存在，终究也交代不过去。突破思路是允许带原户籍所在地社会保障进城落户，允许同城居民有差异的社会保障。关键是要让人家把在老家已享受的福利包带过来，再视改革发展的实际进步，逐步实现更大社会公正。问题是三个福利包（教育、医疗和社保）可携带政策落实不好，地方之间与部门之间，差别很大。建议国家再一次大力推进城市自由落户。检视原规划新增 1 亿城镇人口落户的实际进展，像扶贫一样建档造册，精准到户，清楚报告福利包携带是否到位，并提出终结城乡居民制度鸿沟的改革目标和规划。

四

建立财税改革可选菜单。财税体制改革事关政府能不能在市场经济里更好发挥作用，事关国家长治久安。现在实际推进困难重重。目前地方政府债务压力很大，“土地财政”难以为继。除施加短期应对之策，可否考虑迎难而上，启动再一轮财税体制改革？长短结合，危中求机。考虑把系统的财税体制改革方案分解开来，率先开列一份“地方事权划归中央的可选菜单”，按事项轻重缓急与实际可能性，分批把目前压在地方政府身上但应当由中央财权来负担的行政开支，转由中央政府负担。例如：全国性防疫是中央事权，此前新冠疫情三年地方政府的防疫经费；全部公共卫生行政开支；所有农村基层自治组织的财政补贴；所有涉及全国性市场监管的行政费用；等等。总之，地方财政不能正常运转，企业，特别是中小民企难有好日子过。当下可以考虑，在救急的同时，拉开系统财税体制改革的序幕。

五

现行城乡二元土地制度，表现在城市国有土地使用权可普遍依法转让，但农村集体土地使用权却不能普遍合法转让。当城市扩张需要增加商业性用途土地时，政府须动用本来只限于为公共利益才能行使的强制征地权，变性集体土地为国有土地，再由政府批租给城市土地市场。这套半改半未改的土地体制，与“市场在资源配置中起决定性作用”不相容，也催生多种多样的弊端。

深改土地制度，宪法是出发点，也是落脚点。宪法规定，“土地的使用权可以依照法律的规定转让”（第十条第四款）。此条款并没有规定城乡有别，并没有规定“唯国有土地使用权才可转让”。只需明确，“可以依法转让”之“法”，就是宪法本身。考虑依宪清理所有相关法律法规与政策文件，凡是与宪法原则相抵触的，限时予以废止。

十八届三中全会以后，农村宅基地的确权颁证在全国普及。在确权基础上，消除种种压制转让的不当限制条件，将彰显数亿农村户籍人口所拥有的宅基地转让权的市场含金量，增加农民财产性收入，进一步收窄城乡居民收入差别过大的鸿沟。

六

修订有关法律，将我国已售和将要售出的商品住宅及工商企业的土地使用权年限，从原定 70 年、50 年和 40 年，一律延长至 100 年以至永久。由此，我国商业性住宅和工商用土地的资产价值将从体制上大幅度增值，也因此大幅度稳定社会预期。购房家庭和工商企业，将为此项改革支付一个资产增值的对价，即从土地使用权完成更长期或永久不变的法律变更开始，依法按年度缴纳房地产税，同时废除形形色色与户籍挂钩的城市房地产调控政策。

七

过去有个提法，国民经济的问题是“不平衡、不协调、不可持续”。现在看，根源是全球经济失衡。首先是美国经济不可持续（2024 年 1.2 万亿美元贸易赤字，36 万亿美元财政赤字），充当全球霸主有心无力，在 1945—1990 年期间成形的世界秩序动摇，所谓“美国优先”就是美国不得不先顾自己。

全球宏观需求水落，“中国制造卖全球”也难持续，或遭价降量缩。要看到中国依赖外循环程度更高（2024 年美国经济总量 29 万亿美元，贸易总量 7 万亿美元，约占经济总量的 24%；中国经济总量 18 万亿美元，贸易总量 7 万亿美元，约占经济总量的 38.8%），关税、贸易、货币等变局对中国影响更甚。现在看，关税平均水平从 4%升到 15%以上；技术信息壁垒陡升，全球市场交易费用普涨。国内经济下行，压迫营商环境恶化（远洋捕捞、倒查式补税补社保等等）。

产业与企业突围寻路。2020—2023 年在佛山调查，主要经验是“细处求精益，远处谋布局，高处争独到”。其中有四个难题：敢不敢“以量的缩减求质的增长”？要不要主动去产能？如何补上开拓市场能力弱于产能形成的短板？陷于财政困境的地方政府，还可以做哪些有用功？

第三章
来来往往

来来往往，至关紧要[①]

当下，中国经济面对前所未有的挑战，一是中美贸易战，一是新冠疫情。两大挑战有一个共同点：在全球化达到一个较高的水平时，当人们在生产、贸易、投资和日常生活中已经对世界范围的互联互通、来来往往形成高度依赖时，突如其来的壁垒和隔离，急挫经济流量，大幅度降低人们对未来的乐观预期。

这从反面提醒我们，来来往往，至关紧要。现在，重启经济的一个关键，就是要尽最大努力重启来来往往。

---

① 本文为作者 2020 年 6 月在第二届长三角一体化发展高层论坛上的发言，后经作者修订。

当今世界，大到一个国家或一个地方，小到一家企业，甚至一个家庭，都没有办法关起门来就完成财富生产，所有财富都是在与他人的来来往往中产生的。当代的全球化，就是人们在全球范围内来来往往的水平越来越高，专业分工越来越细，精度越来越高。也只有在高频率的来来往往过程中，分工才能达到更高水平，不同地方的企业才能择专而精，形成更复杂、更富有生命力的分工体系，才能更高效率地生产财富。

地方政府当然要为本地人民服务。新的现实是，现在没有哪个地方的人民能够仅仅局限在本地范围就完成财富创造。因此，发展并维系与其他地方、其他人民通畅的来来往往，是地方政府为本地人民服务不可或缺的任务。

同样道理，一个企业不论多大多强，都没有可能仅靠运用企业内部的资源，就产出一流产品和服务。因此，企业家的职责也不能只限于领导“自己的企业”，应该也必须发展并维护与其他方方面面多层次的、活跃的商务往来。

不同的地方和企业在来来往往中，免不了要各打各的算盘。经验表明，最聪明的办法，是打“大算盘”。

比如洋家乐是德清的一张亮丽名片。不过，要是洋家乐只对德清人或湖州人开放，那就断然不会有如今这样的成功。所谓“大算盘”，就是争先恐后要把自己地方、自己企业的产品，主动在更大范围提供给更多人群享用。只考虑把别人的好东西招过来，还只是小算盘，把自家的好东西给别人家、别的地方享用，才是大算盘。

此外，只卖东西给别人还不够，更大的算盘是乐于也善于买别人的好东西。总有一些产品或服务是别人的好，那就不一定什么都拉到自己的地盘里来造。你好的供给别人，别人好的就痛痛快快地买，才能发挥各自的比较优势，才是打更大的算盘。

长三角一体化就是要致力于提升来来往往的层次、频率和多样性，也要着力降低妨碍来来往往的摩擦系数。

一个城市的能级并不与其行政级别、城市规模、人流数量线性相关。城市的能级由其服务能力决定，服务能力越强，辐射范围越广，让他人受益程度越高，才越称得上中心城市。“全球城市”并不是世界上人口最多、占地最广、本地经济体量最大的城市，而是有能力向全球市场提供出类拔萃服务的城市。

譬如2019年上海发生的近2000万亿元金融交易总量，当然不是只服务于上海本地居民、企业和政府的，那是为整个长三角乃至全国提供的金融服务。同样，这天量金融交易所动员的资本，也不仅仅来自上海居民、企业和政府的储蓄，而是动员了整个长三角甚至全国的资本。

纽约并不是世界上最大的城市，但为什么阿里巴巴要去那里上市？还不是因为它有本事从全球动员投资资本，来为全球级别的公司融资？志向远大的城市要追求向更大范围提供服务辐射，并在更高质量的来来往往中发挥自己的中心职能。

这些年来，越来越多的中国企业在来来往往中探索如何在全球布局，如何把最好的产品、服务输送到全球各地。我观察过一家台州叫富岭的公司，做塑料产品，为世界最大的快餐企业提供刀叉和吸管。前几年，富岭到美国宾夕法尼亚州布局开工厂，去年又到墨西哥开工厂，今年还要在印度尼西亚开工厂。也许恰恰在特朗普热衷的贸易战中，一批中国企业开启了成为跨国公司的征程。美国政客固然有长臂，为什么中国公司不可以有长腿？认准了来来往往造福人类的道理，中国企业一定能够以更高水平的开放，来应对一切“逆全球化”的挑战。

成渝地区双城经济圈，要解决什么问题？[①]

目标再认识：为何要建双城经济圈

建设成渝地区双城经济圈，要探索的是冲破行政框架配置资源。双城圈是市场圈，不是行政圈，让市场发挥更具决定性的作用，政府就可以集中精力做市场做不了的事。

周其仁： 成渝经济区、成渝城市群、成渝地区双城经济圈，提了这么多概念，你想过要解决什么问题吗？

---

① 本文为作者2020年10月与《四川日报》记者熊筱伟的对话，后经作者修订。

记者：解决区域一体化发展问题？

周其仁：四川和重庆本来就属一个省，岂不是早就一体化了吗？当年为什么要把成渝从行政建制上分开？我们需要想清楚这个问题，因为今天的题目，和过去的题目相关。重庆成为直辖市之后发展很快，说明当初把重庆从四川省划出来是正确之举。反过来想，如果一直隶属于四川省，重庆恐怕就不会发展得这么快，川渝经济总量也应该不如现在这么大。

我觉得，这与在行政框架内配置资源的体制有很大关系。传统计划经济，主要特点就是靠行政权力配置资源，行政级别越高，配置、调度资源的能力就越强。你看国内几乎所有航路、铁路、高速公路都直通北京，省内几乎所有路都直通省会城市，这就是在行政框架内用行政权力配置资源的一个结果。

在这种框架内，省会当然就是全省经济增长的第一极核。不过行政级别低的城市就容易被忽略，虽然其发展潜力极大。譬如重庆，雄踞长江上游，历史上也是中国西部经济的一个中心。特别是大规模工业化对运输成本极其敏感，所谓水运一分钱一分钱算，铁路一毛钱一毛钱算，公路一块钱一块钱算，那对蜀道之难难于上青天的巴渝地区来说，哪里是小事情？但当年论行政级别，重庆低于成都，在一个省的行政框架里难以更有效地动员资源。让重庆从四川分出来，成为直辖市，重庆就迅速雄起，巴渝经济总量也冲破一个省级行政框架的束缚，有了令全国瞩目的增长。

从后来的经济发展看，当初重庆建直辖市的决定是对的。但我们也必须明白，这里释放潜能的机制，仍然遵循行政动员和用行政权力配置资源的逻辑，无非过去是一个省，后来则是一个省加一个直辖市。

记者：这说的是当初为什么要分开，那现在为什么又要搞成渝地区双城经济圈建设？

周其仁：因为随着工业化、城市化的深入，特别是随着中国市场经济体制的确立和对外开放程度的提升，在任何一个行政框架内都无法有效完成经济资源的配置。

或许可以这样看：越往传统经济走，资源配置范围相对就越狭小。传统农业基本就在“村”这个范围内，用本村的地、本村的牛、本村的种子，靠本村的劳力种地，而产出农产品，大部分在本村消费掉。所以传统农业经济，家庭就是基本经济细胞，很少的一些超越家庭的事务，在村、乡、镇的行政级别以及农村集市的框架里基本都可以解决。地方官保一方平安，守土有责就好。

但现在很不一样。现在的局面，不是扩大行政范围就可以实现一体化。现在的挑战，是经济循环来来往往，早就越出任何行政框架的边界，在更广阔的空间、更复杂多样的层次，以更灵活的协调机制才能实现资源有效配置。你看现在四川有多少人去重庆工作、投资、旅游，反过来也一样。现在任何一家公司配置资源的范围，一般都远远超出了行政区的边界。区域间产业分工的复杂程度也变得非常高，地方政府不能仅仅关起门来保一方平安，还要服务互联互通，促进来来往往，助力经济资源在更大范围的有效配置。

我的理解是，建设成渝地区双城经济圈，要探索的是进一步冲破在行政框架里配置资源的老传统。这帖“药”可别用错了地方，以为又要扩大行政权力的范围和强度。一定要看到行政权力配置资源越来越满足不了当下和今后经济增长的要求，负面效果会越积越重。双城经济圈是市场经济圈，不是行政经济圈，城市政府要服务于市场扩展，让市场发挥更具决定性的作用。

政府不妨问计于市场

不应该只坐在政府机关里做规划。问计于民，其实就是问计于市场。过去讲敢闯敢试、先行先试，这就是企业家精神，地方政府官员也一样要有企业家精神。

记者：集中做市场做不了的事，能否具体说说是哪些事？

周其仁：先从了解现实入手。首先还是要回到对基本问题的调查上来——两地联系的实际情况怎么样？成渝之间到底发生了哪些联系？频率高不高？遇到哪些障碍？哪些问题有紧迫性？

记者：您说的紧迫性，指的是什么？

周其仁：紧迫性是指问题再不解决就会对经济影响极大。前几天我就在重庆，市发展改革委主任说成渝间往来的货运车辆堵得厉害，从地图上看，重庆西北侧那一道道山梁被称作“大地琴弦”，要货畅其流，得打通多少大山啊。这是梗阻，同时也是巨大的潜在需求，说明成都平原与重庆、长江以及面向东南亚、面向印度洋的市场，有着巨大的来来往往的需求。

记者：政府要做的，是在经济活动中寻找并解决“堵点”？

周其仁：对的，要关注市场发出的信号，堵得一塌糊涂的地方，才需要上投资项目。现在看全国，不少“堵”的地方，投入资源还远远不够，但同时在一些“没人气”之地，却猛上基建。在行政框架内做投资决策，与市场需要满拧，这是个要解决的问题。

成渝地区双城经济圈要向这个方向推进，怕不能满足于坐在机关里做规划。问计于民，其实就是问计于市场——多做调查研究，多向市场各类主体请教，多向各类投资人请教，问问有什么实际障碍，能不能把这些障碍去掉，问问有什么未被满足的市场需要，动员资源来予以满足。

记者：这很有意思。政府要正确“有为”，还得盯着市场实际运转情况。

周其仁：就是用实践效果来检验。也不要觉得像我这样教经济学的就有本事教政府，不要认为我们可以轻而易举当别人的老师。大家都在实践中摸索，看用什么办法能把卡住经济发展的问题解决掉，成功了就总结经验，然后供其他地方参考。这才是发展的好办法。

像成渝开通中欧班列，到底有多大作用？当时有人非要吵个明白。事情还没做清楚，非要先说得头头是道，那就太难料。其实只要问题在那里是真实的，就可以找些办法去试试，不断拿效果来检验。过去讲敢闯敢试、先行先试，这就是企业家精神，地方政府官员也一样要有企业家精神。

极核再认识：提高成渝城市“浓度”

不要动不动就指责中心城市“虹吸”了周边资源，城市不能越摊越大、越摊越薄，没有辐射能力和溢出功能。

正确的城市方略，就是像上海和深圳那样，加密在前、辐射在后。

记者：推动成渝地区双城经济圈建设，川渝都提出要强化极核带动。但也有人担心，这会进一步增强极核的虹吸效应、极化效应。

周其仁：我老说一个词，要非常注意城市资源集聚的“浓度”。你看深圳才多大，但它无论资本、信息、技术……都聚得非常密集。密度足够，才可能外溢，才可能辐射。阿里巴巴去纽约完成IPO（首次公开募股），为什么去纽约？因为纽约集聚了全球资本，并为全球企业提供融资服务。

城市要产生外溢效果，具备更强辐射功能，本身一定要足够“浓”才行。

现在不少地方，搞城市就像“摊大饼”，把地盘越摊越大，但同时也越摊越薄，好比一口气放几十个杯子在一张大桌子上，每个杯子里的水都只有一点点，每个杯子都琢磨如何把别的杯子里的水倒过来。这样的“城市”，怎么可能外溢，怎么能有辐射力？怎么能成为经济增长的发动机？

这是现在很普遍的问题，自己都装不满，给别人的东西当然少得可怜，谁能从那里融到资？它自己还不够。你讲的极啊、核啊，以我的理解，首先是密而不是大。

记者：对于成渝这样的极核城市来说，如何提高城市“浓度”？这个过程，会不会进一步导致极核从周边“捞资源”？

周其仁：首先，我们不能指望大城市、小城镇、郊区或农村资源集聚达到的密度是完全同等的。不要动不动就指责中心城市“虹吸”了周边资源，然后要求中心城市把资源平均分配到小城镇和农村。其次，城市不能越摊越大、越摊越薄，缺乏辐射能力和溢出功能。正确的城市方略，就是像上海和深圳那样，加密在前、辐射在后，真正成为带动国民经济增长的发动机。

浙江近年提出“亩产论英雄”，就是城市之间不能只比总量，不比单产，即单位国土面积经济产出的密度。亩产高的英雄为什么难能可贵？就是因为这样的英雄才有比较强的辐射能力。

趋势再认识：在更大市场中去寻找机会

全球化是不是从此就全盘逆转，还没有根据可以下结论。要以更高水平的开放来对冲贸易保护主义抬头。

贯彻这个更开放战略，成渝地区双城经济圈还大有可为。

记者：推动成渝地区双城经济圈建设，一个重要的环境变量是全球化发展趋势。在您看来，全球化会走入低谷吗？

周其仁：如果每天看新闻标题，自然觉得形势非常严峻。美国总统发一段推特，全球可以被搅得人仰马翻。

不过我们不能只看到美国上层建筑里的折腾，而不注意全球，包括美国的企业、市场和消费者的反折腾。我不是说美国总统的权力不足为道，但是总统的权力再大，他行使权力的作用也一定会引发反作用。加关税不损害美国进口商和消费者的利益吗？限制美国公司卖高端芯片给华为，难道首先损害的不是美国厂商的利益吗？当然损害。那美国消费者、进口商、出口厂商就会永远无动于衷？那里就不会“上有政策、下有对策”？还有中国和世界其他国家无数企业和市场里的买家，就只会通通听之任之，一点办法也不想？恐怕不能那样看。

全球化肯定遭遇了严重波折，但是不是从此就全盘逆转，从此就一代人或几代人陷入思维“逆全球化”，是不是从此各国就关起门各过各的日子，我以为还没有根据可以下结论，还要多看一看才知道。

另外，即使美国有人要逆全球化，我们的对策是不是以逆对逆，大有选择余地。中国在贸易战后宣布，要以更高水平的开放来应对贸易保护主义抬头。贯彻这个更开放战略，成渝地区双城经济圈还大有可为。

记者：一些企业现在讨论的，可能还不是“走出去”，而是怎么“过冬”。

周其仁：越是冬天，越是在更大范围布局的好时机，这是佛山企业家得出的结论。今年疫情最严峻的时候，当地一家企业内部讨论原定到广西的投新项目还要不要继续，老董事长最后一锤定音：“不要吵了，病毒总会过去，我们的项目本来就还要几年时间来投！如果疫情真成为过不去的坎，那你什么也不做也没用。但如果疫情控制住了，市场需求回转，那就是产能为王，现在放弃，永远没有将来！”这看来是一个世界观问题，永远有人逆向而动，不从众，甘冒风险，不甘平庸。

记者：要融入全球化，融入“双循环”的新发展格局，成渝地区如何寻找自己的优势？

周其仁：在竞争中比较吧。在比较中找寻、强化自己的竞争优势。国家、地方、企业、个人，其实都是一个道理。成渝地区不一定非要去“复制”上海或深圳，而是从自己的独到性出发，看哪些辐射能力是上海或深圳没有的，然后强化，并在城市服务市场的过程中找到自己的立足点，找到自己的交换价值，这就有戏了。独到性不光是技术层面的，体制、文化都可以有独到性。成渝地区真有一些别的地方没有的东西，像三峡、三国历史文化、城乡统筹、地票交易等等，那可都是别人没有的啊。其实市场竞争，独到性是制高点。城市之间的比赛或竞争，道理应该是一样的。

圈外话

关于调研方法——事先想好题目，出去找材料？不对！

周其仁扎根一线搞调研的功夫，在学界、业界都是出了名的。这位信奉“真实世界的经济学”的学者，如今每年都要和佛山市工商联组建专题调研小组，跟着企业家们国内国外跑调研。

在“搞调研”这件事上，周教授究竟有何秘诀？问起这事，周其仁笑了：“我有什么方法？就是跟着一家家企业去看。”

话虽这么说，但他并没就此打住话头。之所以和企业家一起搞调研，最初是受地方邀请，想解决佛山制造业品质提升的问题。“其实大家都有实战经验，也各自带有一堆真问题，那就一起去一线看，看完了再讨论碰撞。”

调研对象怎么选？“哪儿做得好，就去哪儿看。”周其仁介绍，这些年佛山企业家访学小组去了深圳、长沙、北京、青岛、江阴、苏州、慈溪、宁波，同时到过德国、意大利、荷兰、丹麦和瑞典等全球制造强国。好在企业家都在市场里和行业里，哪里有企业值得对标，他们都清楚，挤出时间边看边讨论，有心得就在整个佛山企业界分享。

每到一个点位，周其仁说他会问企业家：为什么这样做，为什么不那样做，做了有啥效果……然后访学团再关起门来讨论。“这些人都是‘打过仗’的，他们知道这些做法哪儿好哪儿不好。大家就这么在来来回回中学习。”他特别提到自己调研从不预设题目，“事先想好了题目，出去找材料，写完文章就交卷，这恐怕不行，不如到人家那里好好看，受到触动再深入，再概括和提炼。”

周其仁说，这背后就是相信，如果一个问题是真问题，那一定会有人为此难受；而只要有人难受，总有人会有所行动，尝试解决问题。这些城市有的失败，有的则是神来之笔。“我们对标访学，就是看那些标杆企业怎么解决这些令人难受的问题。”

方法很普通，但周其仁觉得管用：“要相信我们关注的难题，只要是真的，实践中一定有人做过点什么。”

主动开放　来来往往[①]

“主动开放”是最佳选择

高渊：对浦东而言，今年是它又一个30年征途的起点。回顾过往30年，你认为浦东留给世人最大的启示是什么？

周其仁：我觉得比较重要的一条，是主动开放，而不把开放当筹码。这不仅仅是浦东的经验，也是中国开放的普遍经验。

从最初四个特区，到浦东开放，中国都是主动决策，看准了开放对自己的发展有利，就坚决从封闭转向开放。浦东也

① 本文为作者2021年1月与《解放日报》记者高渊的对话，后经作者修订。

好，先前四个特区也好，中国决定开放就开放，并没有要求其他国家也对等开放，并没有说日本、韩国、新加坡或者欧美等，也要答应什么条件，我们才开放。

别人的外贸外资体制政策是别人的事，我们认准开放对中国有利就开放。在顺序上，中国是先行开放，再完成入世谈判，而不是倒过来，先签上一堆条约，才实施开放。

高渊：当年，正是主动的单边开放，让中国抓住了机遇？

周其仁：确实如此。当然主动单边开放的做法，也参考了新加坡经验。回头看，二战后全球开放体系是由小国率先驱动的。小国内部市场小，关门保护没有经济意义。新加坡就几百万人口，七八百平方公里国土面积，也没什么特别的自然资源，若是设高关税搞进口替代，能搞出什么名堂？

新加坡有区位优势，扼马六甲海峡要道，东亚经济很多进口物资都要经过新加坡港口。当时别国都实行高关税，他们摸索出一套反其道而行的办法，搞出口加工区，主动大幅降低关税，让各国企业有兴趣把一些加工、制造项目放到新加坡的“关税洼地”里来。小国哪有什么对等筹码，但是没筹码反而成为一个新支点，别人都是高关税、高壁垒，新加坡足够低，资本、技术、就业机会反而会过来。

1978 年底，邓小平访问新加坡，李光耀陪他考察了裕廊工业区。这给邓小平留下了深刻印象，回国后专门强调了新加坡经验。其实邓小平已经看到了，如果后发国家在建立国家主权之后，实行主动开放，是对自己极其有利的新发展战略。

高渊：但现在全球通行的是“互惠体制”，就是通过双边或多边谈判达成贸易协议，它的源头在哪里？

周其仁：2019 年底，我去哈佛大学肯尼迪学院待了两个月，就是想了解美国贸易保护主义的来龙去脉。在那里，我请教了萨默斯教授一个问题，为什么美国总统有这么大的权力，可以说加征关税就加征，说加多少就加多少？他建议我去看看美国贸易政策的演变。

说起来，美国的贸易保护主义源远流长。美国建国之初，设立关税主要是为联邦开辟税源，维持政府运转。那位开国财长汉密尔顿，早在就第一个关税法案进行辩论时，就已把关税设置、政府奖励政策与保护美国制造业发展联系到一起，那就是所谓的 American System（美国体系）。到了南北战争之后，北方胜利，贸易政策的主要目标变成限制进口，以保护本国特定产业，结果就是应税进口产品的平均关税率从 20% 升到 50%，并维持了几十年。

保护主义的结果是互害。美国要保护自己，别国就不要保护自己吗？高关税路线一条道走到黑，到 20 世纪 30 年代美国遭遇大萧条，实在走不下去了。1934 年美国国会终于通过《互惠贸易协定法案》，授权美国总统通过与其他国家谈判，求得降低关税的互惠，以缓解严重的需求不足。

直到今天，美国贸易政策的基本框架还是“互惠”，就是由总统和行政官员对外“砍价”，我降什么换来你降什么，或者你升什么我也升什么。虽然国会保留了最后批准贸易协定的权力，但总统和他的行政班子可以主导达成协定的谈判过程，这就为特朗普这样的总统滥用行政命令提供了体制基础。

由此可见，美国从来没有实行过自由贸易政策，顶多是有选择的开放，也就是把开放当筹码，也让全球贸易受累于美国国内不同既得利益的集结，甚至受美国国内政治变化的牵制。

高渊：以新加坡为代表的小国“主动开放”，和美国倡导的大国“互惠体制”，谁更高明已经明摆在那里了？

周其仁：现在看，“主动开放”比美国人的“互惠体制”要高明很多。我们已经体验到，但凡进入“互惠”这个框架，事情就变得复杂无比，政治、外交、意识形态等都和贸易搅到一起，行政官僚忙得要死，而市场、产业、企业和消费者只能等那些完全不确定的谈判结果。这就在市场不确定性之上，又增加了行政权力的人为不确定性。全球的交易成本，无端上升不少。

中国当年学习新加坡，是大国主动学开放小国，回头看，这在整个世界历史上都非常有意义。过去大国习惯比照大国，大国之间互相较劲，看不顺眼甚至打起来。小国市场狭小，也没有称霸野心，倒是一门心思要通过开放把经济搞上去。

当然，大国的规模优势也不必放弃。所以当年中国分开来处理，政治、军事、外交当然集中于中央，但经济，包括外向经济，主动在大国里划出一些地方率先开放，从几个经济特区开始，然后沿海城市、浦东开放，再沿着可复制可推广的路线，走向全面开放。这个经验对全球化，特别是大国融入全球化，应该是一个值得借鉴的创造。

高渊：从你的角度看，“主动开放”依然是中国当下和未来的最优选择？

周其仁：还是先看美国的教训。为什么这个世界第一大经济体会陷入贸易保护主义？可能的一个原因，是在“互惠”框架内那些受到保护和关照的既得利益者，随着全球化的深入，越来越缺乏在世界市场上的竞争力。全球市场竞争终究是无情的，靠行政保护，而不是靠调整与适应，终究还是没有竞争力。特朗普折腾了那么大动静，全球消费者包括美国的消费者，还不是该买中国产品的继续要买？

所以，该考虑摆脱美国主导世界多年的“互惠体制”了。

从市场的角度看，中美不应该脱钩，也不可能完全脱钩，但是全球化应该摆脱美国发明的那套互惠框架。国与国之间的贸易，在本质上和村与村之间的贸易没有什么不同，村庄之间不该设置障碍，国家之间也一样。贸易本来是以人为本的行为，大家发挥比较优势，在尽可能低的交易费用的约束下连成一个市场，为什么要走入互相设置障碍的死胡同？任何经济体要想强大起来，不能靠保护政策，只能靠开放，在开放中比较，在开放中竞争，在开放中发挥比较收益。从根本上把事情想清楚，“主动开放”才是上策。

上海引领开放还大有文章可做

高渊：2020年，上海已经基本建成国际经济、金融、贸易和航运中心，这对上海意味着什么？

周其仁：世界上关于中心城市有各种各样的指标。我看到GaWC（全球化与世界城市研究网络）的评选指标很有意思，有一项是先进生产服务机构的数量与密度，包括银行、保险、咨询、广告和会计等领域，其实就是看一座中心城市究竟能给别的地方提供多少服务。根据GaWC的排名，伦敦和纽约排在全球第一档，上海、香港、新加坡、北京、迪拜、巴黎和东京排在第二档。

上海要成为卓越的全球城市，就要在更大范围内为国际国内其他城市、乡村、产业和企业提供高品质服务。从这点出发，上海在未来发展中一定要谋求更大范围、更高强度的辐射力。这不是仅用GDP总量就可以完全衡量出来的，还要看创造了多大的经济动能。

高渊：在你看来，上海下一步的关键是什么？

周其仁：我们访问上海港时得知，这里的集装箱吞吐量早就位居世界第一，但关于港口金融服务的一些指标，却让吞吐量较少的伦敦港排到前面去了。我们要建设的不仅仅是单一的港口中心，也不是单一的金融中心，而是复合的、高度融合的高端服务中心。

所以，现在恐怕不好说，上海作为国际中心城市的潜力已经全部释放出来了。在主动开放、更高水平开放的要求下，上海引领开放还大有文章可做。从体制架构来说，要看到现在跟浦东开放早期有一个很大不同，就是今天全国性法律比过去多得多。在此前提下继续主动开放，上海要对标香港、新加坡、迪拜、东京等都市，争当全球一流中心城市，要好好研究“授权开放”，也就是由中央授权，在程序许可的条件下突破某些现行体制政策，等实践证明行得通，再修改相关法律法规。

高渊：去年上海引进外资200亿美元，创了历年新高。为什么在疫情期间，上海对外资的吸引力越来越大了？

周其仁：这是个好消息。当然我们也要看到，因为疫情这样的短期负面影响，很多经济体不同程度停摆，而中国在2021年将疫情控制得很好，外资进来多一些，等全球疫情有效控制后，还有可能摆回去。

更要看到，现在上海对全球资本的吸引力确实在稳步提高。比如引进特斯拉，并在一年内就实现量产，实在是打了一个漂亮仗。这说明，全球化要分层面看，国别层面因为保护主义抬头而受挫，但市场层面、产业企业层面的全球化依然十分顽强。美国总统挑起贸易战，马斯克偏在如此敏感时段到上海来投资，他就没有压力？总有的吧。但人家还是来了。上海的配套服务等多方面能力也为中国争气，在特殊时刻向世界呈现中国优势。特斯拉如果不来临港工业园，如果不能尽快量产下线，全球投资人哪里会有那么强的信心？

关键是来来往往

高渊：最近上海提出，今年将大力发展创新型、服务型、总部型、开放型、流量型经济，“五型经济”是上海都市经济的发展方向。你认为，其中的核心点是什么？

周其仁：这里的关键，还是认识大都市的经济功能，核心就是不能关门自己玩，而是开放，到更大范围为别人服务。上海是全球网络中最重要的工商、金融、科技节点之一，现代财富是在来来往往的过程中创造的，在大大小小的节点上积聚，再向整个全球市场网络辐射、服务。世界级城市从来就不能只有本地人活动，也不能只为本地生产、本地生活服务。上海要为长三角、全国、亚太乃至全世界提供服务，追求更大范围、更高质量的辐射。

高渊：从网络和节点的视角看，上海市域范围内关键要做好哪几个节点？

周其仁：从顶端来看是两大节点。一个是面向长三角的上海虹桥国际中央商务区，另一个是面向海洋的洋山港和临港新片区。上海建好这两个顶级节点，就能在打通外循环与内循环的未来发展中，占据一个外联内通的战略地位，有助于为全国做出上海应有的贡献。

比较而言，上海的外联基础似乎不如内通的坚实。洋山港集装箱吞吐量世界第一，但港口功能还不够厚实，与陆地连接仅靠一座 30 多公里长的公路大桥，尚不是一个综合型交通枢纽。曾经的世界第一大港鹿特丹，虽然吞吐总量被上海拉开好远，但那个地方把内河、海运、铁路、高速公路以及航空港等，密集地组合到一起，是欧洲经济的一流综合性节点。

无论如何要有条铁路通往洋山港吧？那个位置本来就在浙江，再过去是岱山和舟山本岛，以今天中国的基建能力，在海上把这个大湾连起来，技术上应该做得到。那时，长三角的地理概念就不但包括长江下游这块富庶的冲积平原，还包括海上一个大湾，洋山港的腹地就是多方位的了。

最直接的好处，就是带旺临港新城。现在临港工业区很火，但临港新城人气还不够旺，无论洋山港还是临港工业园，到上海市区通勤人口太多，通勤时间也太长。这几年全球化遇挫，不看好海外发展的大有人在。但我认为，现在恰恰需要逆向思维，在冬天里下注，在冷的时候要投资，到热起来时就用得上。

临港城的发展还面临体制限制。上海决咨委办公室组织我们去调研，企业反映强烈的就是企业管理和技术人员落不了户。大上海太招人啦，敞开大门做不到，但可不可以试试设计一个“临港户口”，只能落户在临港城，不能（或若干年内不能）落到上海城区？这其实就是把临港城看作一个独立于上海城区之外的新城市。江苏靠近上海的城市如昆山等地发展得非常好，最基本的一条，就是人去了可以落户。当然这只是一场思想试验，先想想总无大碍吧。

高渊：说到底，上海要为全世界的英雄提供用武之地。

周其仁：对啊，来来往往的人口是最有生产力的人口。美国的科学家、工程师、能工巧匠，还有大批不惜远渡重洋求发展的优秀劳工，还不都是从欧洲和世界其他地方移民去的？我出生在上海，小时候看到上海成年人拿着尺子在布店里左量右量，表演以最少布料做最多衣服的本领，觉得蛮俗气的。后来才明白，上海人的精明是在开放年代形成的，轮到封闭环境，开放年代的精明没有用武之地，只好把才干用得很小里小气的样子。

所以，从长历史经验看，对上海来说，最重要的不是户籍人口，也不是常住人口，而是来来往往的人口。这些人不断来，又不断走，其中一部分转化为户籍人口和常住人口，这或许也是全世界所有大都市的共同秉性。上海要成为全球网络的重要节点，就要搭好台，让天下有才干的人来一展风采。

高渊：上海要建成国内国际双循环的重要节点，你觉得将以什么为标志？

周其仁：我想，标志很可能是到哪里都能看到更多一点上海的元素，不论商业、金融、物流、科技还是文化，不管在哪里看到好东西，追问下去，里面多多少少有来自上海的元素。反过来想，要是上海因为什么原因停摆了，难受的不光是上海市民，许许多多看似“不搭界”的地方都难受，那才证明上海的贡献不可或缺。前几年日本福岛发生核泄漏，国内不少电子企业跟着停摆，因为若干关键元器件断了供。那条新闻，教会我换一个角度看中心城市，包括看大上海。

科技民企诞生潮：以制度激发人才[①]

当前，上海正加快推进国际经济、金融、贸易、航运、科技创新“五个中心”和自贸试验区建设，全力打响上海服务、上海制造、上海购物、上海文化四大品牌，迈向卓越的全球城市。5 月 13 日，上海金融办负责人透露，上海将进一步扩大金融业对外开放，争取在扩大银行、保险、证券对外开放等六方面先行先试。

就此问题，澎湃新闻对北大国发院周其仁教授进行了专访。在专访中，周其仁表示，城市影响力源于辐射力，一个城

① 本文为 2018 年 5 月澎湃新闻对作者的专访，后经作者修订。

市能给予别人的越多、越重要，影响力就越大。全球城市是在全球竞争中形成的，没有哪家可以面面俱到。上海要充分发挥其独到的港口优势、金融中心优势以及科创优势，扬长避短，在为长三角、长江经济带、全国乃至全球服务中确立自己无可替代的地位。

周其仁谈到他的一个观察，下一波中国民营企业创业潮将由科技驱动。上海科创潜力巨大，有机会在争当卓越全球城市的路上蓄势待发。

“上海这种大都会城市，目前要面对一项挑战——国内国际有一批人才将来会很厉害，但他们现在没多少钱，也没有什么名，这批人才现在到大上海来落得下脚吗？这个问题不解决，上海积累的高校和研究院所优势、良好教育累积的人才优势，以及城市管理精细、生活品质吸引高端人才的优势，就难以得到充分发挥。”周其仁说。

全球城市不再遵循传统招商引资的思维，不仅着眼于GDP总量，更要看上海给别人提供多少产品和服务，给别人越多，上海越厉害。

澎湃新闻：怎样才算是全球城市？

周其仁：我的理解是，“全球城市”要在全球范围集聚优质人才和资源，高密度有效集聚，然后提供具有全球影响力的辐射、引领和服务。城市的核心是辐射，也就是要给别人提供产品和服务。城市作为全球经济网络中的节点，终究由其贡献的辐射能量来决定各自的相对重要性。

上海建设全球城市，集中要考虑的就是如何能对长三角、长江经济带、全国以至亚太和全球贡献独到的产品和服务。老上海为什么在全国影响力大？还不就是因为在那个时代能给全国提供其他城市难以匹敌的工业产品、技术管理人才，以及文化时尚。当别的城市还不能提供这些东西时，大上海就奠定了自己在全国的影响和地位。

但比较优势是变化的。别的地方会学习、改进、赶超，总有一批批的产品和服务别人也有，以至于超过上海，领先于上海，让上海感受到竞争压力。最大的挑战是上海能不能不断形成新的辐射优势，不断拿出新的具有独到性的产品和服务。从全球城市看，像伦敦、纽约、东京等，都经历过比较优势变化、升级的过程。在这件事情上，向前看很重要。覆水难收的传统优势，失去就失去了，再难过也不一定回得来。关键是长出新的没有。早期纽约制衣业名冠天下，后来不行了就不行了，但金融业起来了，阿里巴巴那么厉害，上市融资还是要去纽约。一鸡死、一鸡鸣，看来纽约一时半会儿还凉不了。

重要的是，不能再用一般的招商引资思维来充当全球城市的发展战略，不是处心积虑把别处的GDP招过来、搬过来，似乎搬够了数，自然就是全球城市。战略着眼点是增强辐射能力，要给别人东西。搬人家现成的甚至过剩的能力，搬再多也辐射不出去。建设中心城市和全球城市，牛鼻子是提高辐射能力，立足于辐射促集聚。在市场竞争里，给人越多，自己越强。

澎湃新闻：那么目前来看，上海可以通过从哪些方面为别人提供服务而产生影响力呢?

周其仁：全球化导致全球城市激烈竞争，谁也不可能面面俱到，样样都比别人强。上海要在竞争中定位，拿出别人拿不出或很难拿出来的东西，与长三角兄弟城市、全国其他城市在竞争中实现分工，别人做得比自己好的事让别人做，聚精会神做其他城市做不了或难做好的事。

目前来看，上海的全球港口优势、科创人才优势、金融优势，以及比较精细的城市管理所带来的高品质宜居优势，具有相当的独到性。

首先是全球港口优势。从某种程度上讲，上海被发现就是一个全球贸易视野选择的结果。我们的传统文明重农，鱼米之乡才是好地方。但从全球贸易的角度看，通大洋的港口位置才更具战略意义。上海不仅是中国海岸线的中点，拥有长江流域广大腹地和良港，更是全球贸易网络的重要节点。港口带动临港产业，能源、原材料的输出输入支撑制造业，贸易和制造又呼唤各种生产性服务、商事服务，特别是金融服务，于是形成的就不是单一中心，而是复合的中心城市。其实，现有全球城市伦敦、纽约、东京都是这么起来的，其中，全球级港口是基础。以当下海运形势看，洋山港可以招呼装载量超过两万标箱的巨轮，全球级港口的地位很难被撼动。下一步重点是体制和服务能不能配套，“自由港”说到底是以港为载体，可不能说说就算了。

当然，上海港优势已不再绝对。随着更多特区和我国经济走向全方位开放，铁路枢纽、航空港的相对重要性将持续上升，涌现更多后起之秀，山东、江苏及珠三角形成新兴制造业中心。上海人工、土地成本比较高，固然不利于竞争，但考虑到人力资本、配套能力等因素，上海制造特别是复杂制造、先进制造、超大超微制造，依然有竞争力。

谈到人力资本，上海自近代以来集聚的人文优势，不可小看。现在有议论说上海人创业热情不高，没有冒出多少天下知名的企业，但同时全球全国很多知名公司又很愿意来上海落户。这是为什么？我想这是不是涉及上海人力资本的一个重要特点，那就是上海有非常多优秀的“组织人”和“公司人”，他们或许并不擅长登高一呼当老板，但在一个大组织、大机构、大公司里能好好工作，与各方协同，履行多种多样比较复杂的契约。我们要明白，经济增长固然需要不断冒出新公司，更离不开从冒出来的小公司里不断成长出大公司。永远当小老板，公司还没大就裂变，怕是不够的。

更根本之处，是上海这个地方比较重契约精神。上海发展金融中心主要不靠地理位置，而靠看重契约的社会氛围。金融靠信用安身立命，利益要算账，说话要算话，立约要履行，发生问题找律师，而不靠“找大哥”。唯有市场契约才能连接全球范围的复杂合作。比较把契约当回事，是金融的根基，也是全部复杂交易的基础。

下一波民营企业很大程度是科创型。上海要抓住这波浪潮。

澎湃新闻：正如你所说，最近有议论说上海不具备创业公司所需要的环境，错失互联网发展机遇，你怎么看这个问题？

周其仁：什么机会都赶上，不容易的吧，否则还不早就成为卓越的全球城市啦？其实一个城市的长处短处，常常靠得很紧。刚才讲老上海是近代全球贸易背景的产物，在开放、商业、制造、金融、文化等方面辟出一条都市崛起之路。正因为上海是全国财经重心所在，所以国家工业化以来，它也一直是计划经济重镇，国家对上海管得很严。这和浙江、福建、广东，以及后来的深圳，完全不可同日而语。上海多少年非严守国家财经纪律不可，闯市场经济天下的英雄豪杰很难从这里冒出来，也是事实。改革开放至今，上海央企和地方国企强，外企也强，本土民企相对弱，有一个历史逻辑在起作用。前些年，总部经济有点苗头，吸引了一些外地头部民企到上海发展。问题是别的地方也不会眼看孔雀飞上海，大家改善投资和营商环境，你拉他留，孰重孰轻不是单边发力。从长期看，上海还是要把培育民企成长放在更突出的位置。

澎湃新闻：那你怎么看上海民营经济未来的发展呢？

周其仁：民企板块弱，不是小事。但来日可追，因为时势造英雄，中国到了催生新一代民企的时代节点，下一步有机会大发展的民企，更多靠科学知识，更多靠运用新的科学原理来解决实际问题。科创型民企将引领下一波民企创业潮。

科创企业“科”字当头。上海的高校和科研院所、基础科研成果和高级知识分子，无论数量还是质量都全国领先，加之城市综合生活品质比较高，对全国、全球优秀人才的吸引力也别具优势。这方面的优势还远远没有充分发挥。一个关键节点是转化，庞大的国家科学研究投入如何转化为技术，转化为产品和市场优势，反过来再支持基础科学研究？去硅谷、波士顿、奥斯汀或特拉维夫看，大量科创企业与大学、研究院、实验室里的纯科学高频互动，越来越打成一片。在空间上，差不多新创科技公司大量围着高校、研究院和实验室而建，说明科学研究、技术开放、产品与市场开发高度融合、高频来往，以至于在空间上不可能相隔太远。

实质挑战还是如何有效降低体制成本。我们大部分高校、科研机构都是国有的，如何释放科研成果转化的潜力，涉及产权界定和体制成本。教授、科学家搞发明，多少是国家的，多少是个人的或团队的，要有一条清楚界定的边界。美国 1980 年通过的《拜杜法案》，就明确利用公共资源形成的科研成果的所有权属于大学，再由大学向社会转让专利使用权，转让价格由公开竞争形成，鼓励小企业参与，这样就没有联邦资产流失问题。教授开发团队和其他新设科创小公司，都可以参加使用权竞标，获得后再开发。中国也参考了《拜杜法案》，目前已经承认在国有单位工作的教授、科学家，即便对职务发明，也拥有合法的权益占比。不少地方把这个权益占比定得还比较高，表达了鼓励创新成果转化的政策倾向。不过我们也观察到，国有机构科研成果转向市场，整体定价程序还是手续繁杂，关键是我们的大学并不拥有国有科研成果的所有权，你让它代国家行使，它要问这个问那个，问来问去谁也担不了国有资产流失之重责。如果转化成果入市困难重重，定价机制不清晰、不透明，研发者权益占比再高，实际意义恐怕也有限。

澎湃新闻：那你认为下一拨民营企业将诞生在哪个行业或领域?

周其仁：不知道。这听起来还是追赶思维，看人家有什么新进展，赶快规划、布局。当然落后就应该赶超，否则越落越远，永远落后。但赶超思维也有代价，就是老在追确定性目标，忽略了创新的本质是直面不确定。以色列 1948 年建国，基础和国际环境比我们还差，但那里初创科技企业有不少原创，这与他们不满足于盯着确定目标追赶有关。我们这里至少两手都要硬，一手赶超已有先进科技，一手直面不确定的未来，鼓励发现新原理、原创新技术。否则，即便赶超成功，人家不断有“下一个”，那中国就永远在赶超路上。

要让那些将来很厉害的人，现在能在上海落得下脚。

澎湃新闻：上海如果想发挥出这个优势，面临哪些问题呢?

周其仁：目前似乎还是搞工业园的路数，高校和科研机构周围的产业集群还有待形成，一个可能是搬出上海老市区的大学、研究所多拿出一些空间来办科创企业，包括师生团队和外来的大学专利使用团队。还有就是老大学集中区，科创产业用空间还要见缝插针，多多益善。

更大的问题是现有的商品房模式，是把多少年形成的高储蓄转化成房子，买的时候要一次性付清这个物业未来几十年的收益。买下之后，才有资格享受资产升值。这个模式对城市建设集合资本有贡献，但年轻人，特别是家庭不在本市的外来新秀，他们将来会很厉害，现在靠自己的当期收入和信贷却难以在上海落脚。现在落不了脚，将来的故事就没有啦。这里并不是要讨论房地产政策，而是说上海要想发挥科创优势会涉及的一个难题。

深圳现在抓青年人才公寓，我觉得抓到点子上了。我到现场去看过，做法就是把一批城中村的原住民房产改建成青年人才公寓，只租赁不出售，价格合理，居住条件也像样，付租金就落脚，包括年轻小家庭。让还在奋斗的年轻人一下子付未来70 年的土地收益，那还不是为丛驱雀，为渊驱鱼！

面向未来看，上海的后发优势还在后头。如果能让很多未来厉害的年轻人进得来，落得下脚，又激发上海大学科研机构的存量优势，特别是新办一些新型大学，就构成上海科创优势，可能不亚于上海的航运中心和金融中心。在这个基础上，产生一批科创型民企，可以显著改善上海的企业结构。

第四章 平常功夫

靠什么应对不确定性冲击？[①]

这些年来，国际国内发生了很多冲击力很强的事件，远超经验与预期。有人问，这些事件有什么内在关联吗？老实说，我是看不出来。

当然，也可说冥冥之中，有谁在下一盘大棋，能把美国总统、病毒、科技供应链、公司上市、煤炭价格以及道德和舆论风波等一股脑儿都动员起来，折腾经济和市场。不过也没有关系，不论事大事小，也不论一时多么扑朔迷离，总有一天会有人弄清其来龙去脉，展示其或简或繁的因果联系。

① 本文发表于 2021 年 10 月，后经作者修订。

但是在座各位，怕没时间等到那个时候才从容地行使你们对企业的责任。对在座各位来说，不管事件发生起因为何，变化逻辑又为何，先要直面其结果带来的连带影响，做出决策，带企业渡过难关。经验说，把事情的来龙去脉分析得头头是道，并不见得一定有助于对付其结果。过去有句名言，改一改或还适用——理论家可以用不同方式说明事情的原因，但企业家却要面对事情的结果。这是企业家的命，也是世界上所有对解决问题负有责任者的命。

世界上那些一时半会儿弄不清来由的事情，有一个值得注意的共同点，那就是几乎无一例外，这些事情的发生无从或难以预料。所谓冲击力强，带来严重后果，其实还不是因为无从预料，难以预做防备？

预料难度有大小，大体可分为三类。第一类是确定性事件。比如：明天太阳一定升起（虽然是否清晰可见取决于天气）；拔掉这个麦克风的电线，它就一定不发声；卫星进入轨道后的运动很规律；等等。这些事件都非常确定，预料的难度不大。

第二类事件，可以预料，但仅仅只能在过去经验的基础上做概率性预测。比如在特定环境、位置，有特定功能的建筑，会不会发生火灾？答案是有或然性，不一定发生，也不一定不发生，但如果把大量同类建筑集合到一起，查过往的发生概率，那就有一个大数定理，可以做带概率的预料。保险公司干的就是这门营生。

最后一类，是完全不可预料的事件。几年前我访问过一家养兔场，他们常年给生产卡介苗的国际制药公司供实验用兔，这是一门很好的生意，不料中美贸易争端外加新冠疫情，兔子出不了国门，老板急得要哭，因为那可是几十万只每天要喂的活物！天气还有个预报，市场里不少事，谁给你预报？连概率性预报也不可能有，这叫不确定性事件。

也不是说不确定性事件就完全没规律。其实所谓规律，是人类认知的抽象结晶。至少科学家们坚信，凡有现象，必有规律——或早或迟会被发现。问题是，事后认识到规律，不等于事先就能预见。自然界和社会那些尚未找出规律的现象和事件，说来就来了，怎么应付？

不确定性事件连保险也没处买。创业、办企业，是极其普遍的经济活动方式吧，可是谁能担保市场里的公司一律不亏本、不破产、不消失？为什么没有一个商业险种，买了就能够保企业不亏？没有，就是没有，甚至连保险公司自己也可能亏，亏多了也一样死。

那就完全没法子了？也不尽然。利害重大，没办法也要找办法。记不得什么时候看电视，听到一句话，过耳不忘——“做生意要有本钱”。讲得好，好就好在这句话点到对付市场不确定性的一个办法。

谁都知道做生意要用钱，进货采购、雇人力、租场地、购设备等等，都离不开钱，没钱当然没法做生意。但是，有钱还不算，非在“钱”字前面加一个“本”字，说“做生意要有本钱”，这里的“本钱”难道不就是钱吗？

“本钱”固然是钱，但它有点特别。用这笔钱买来各种要素，投入生意过程后，通过出售商品或服务，才实现收入。在市场里做生意，就是这么一圈接着一圈转。倘若投入 100，转一圈卖出 120，那叫赚了，皆大欢喜。倘若投入 100，卖出 100，那是不赚不赔。至于投入 100，卖出 80，那就是生意做亏了。真实世界里，做生意有赚有平有亏，但从转商业圈圈的角度问，在事先投入之际，能不能确保转一圈一定赚钱？经验说保不了。能不能保证不赚不赔？也保不齐。一定亏吗？也不一定。

这就带出一个问题，如此商业游戏怎么玩？无数人试来试去，“本钱”应运而生。凡做生意，先投入的那笔钱，即为本钱。投入商业过程，以本博利，只不过那个“利”可没人事先担保，一圈一圈转下来，可能赚到，可能不赚不赔，还可能亏，甚至血本无归，把老本也亏掉。但无论哪种结果，都由“本钱”来承受：赚了归它，赔了也归它，赔光了出局，另找本钱才可以再入场。

古往今来，筹措生意本钱的途径，多种多样。亲友、老乡及形形色色的关系人，以多种方式提供生意本钱。举债为本也不少见。不过做生意如下海，难逃不确定性。因此之故，从他人之手获得本钱，多少总要有点抵押：血缘地缘其实是以长期关系为押品，房产土地可变现，如果任什么也没有，押的是人身，不然史不绝书的“债务奴隶”，从何而来？

大生意要大本钱，游戏规则非严不可。在一个陌生人社会里筹措大本钱，离不开一套制度。为什么复式记账法了不起？因为它提供做大生意的会计规则。那个恒等式（资产=负债+所有者权益）清晰显示“做生意要有本钱”的底线。这里，本钱（所有者权益）是负债之基，别说没本钱休想借债，本钱占比过低，都被视为企业不健康的体征。多少商号与公司，曾经立意高远，曾经志向伟大，曾经业绩辉煌，最后却倒在简简单单“资不抵债”四个字上。有点奇怪吗：本金与负债，不过就是资产负债表上的两个变量，怎么那么难驾驭？

难就难在，市场运行的本质特征，不但不像天体运行那般确定，也不尽是风险事件，买个保险就可以对付。市场本性是经验概率也应付不了的不确定性。把这点讲得最清楚的，是弗兰克·奈特。此君当年被认为是芝加哥大学经济系奠基人，虽然未获得诺贝尔经济学奖殊荣，不过，他教出来的学生当中，前后获诺奖的有6位之多。早在1921年，奈特就分析市场的本质特征，在这里我不可能完整介绍他的学说，哪位关心这个题目，不妨读一读他的原作（《风险、不确定性与利润》，商务印书馆 2017 年中译本）。让我们直接跳到他提出的那个富有感染力的问题——无数市场中人，靠什么对付他们身在其中却又祸福莫测的不确定之命运呢？奈特的答案，指向企业制度，指向企业所有权，特别指向企业资产里的“所有者权益”即本金。这就是对付市场莫测的定海神针，以本博利就是与不确定性博弈——赢了，凭本获利，多赢多得，少赢少得；输了呢，亏本受罚；输狠了的，赔光老本就出局。市场就是靠这套游戏规则，在众多玩家里选优除劣，动员资源投入，源源不断供应商品和服务。

从古到今，企业形态千变万化，从个人企业、家族企业、合伙人企业、股份公司、公开上市公司等等，不一而足。但不论哪一路，“做生意要有本钱”是铁律，也是市场经济不容动摇的基石。基石不牢，“市场经济”可能只不过是一波接一波的热闹，断无可能积累日益厚实的经济存量，带来长期经济增长。

哥伦比亚大学有一任校长叫巴特勒，他说“现代社会最伟大的发明就是有限责任公司，即使蒸汽机和电力的发明也略逊一筹”。有道理，因为这套创新的游戏规则，把原本局限在形形色色小社会里的零碎资源整合起来，从而能够筹集更大资本，再负上更多债务，大本博大利，推动现代经济增长。但是我们可别忘了，商业史上再大的巨无霸，也是向死而生的物种，在与市场不确定性的搏击之中，最后由本金定生死。

有什么要补充的呢？有一点。仔细观察真实的市场过程，不难发现，不论本金还是负债，投入市场的过程，离不开判断、决策、管理；面对种种意外，还需要找寻对策。这些“活”，要人来干。光有“钱”，能知道生产什么、怎么生产？何况定位某个产品或行业，意味着放弃别的，如何权衡利弊得失，也要靠人决断。企业动员来的资源，如果定位出错，或管理不善，或面临意外应对出错，都将导致本钱亏蚀。这就引出“本钱”的第二个含义，那就是“本事”。

要明白，仅有钱财不足以成为资本。钱财在市场里运行，一刻也离不开有本事之人。所谓企业家才能，就是善用本金，善用企业动员到的一切资源，成功地在市场里博弈。企业家能力多种多样，有经济学家概言之：“在不确定环境里配置稀缺资源的能力。”分解开来，不可或缺的分项无数。不过说千道万，出发点和落脚点终究还是离不开本金，就是如何筹措、营运、强固企业本金的那一套能耐，以及在任何不利的商战形势里，“留得青山在”，未来再出发。

企业家的本事是真本事。这里没有恭维的意思，而是说，市场经济大浪淘沙，没本事的早晚被淘汰出局，有本事的才实现“剩者为王”。正是向死而生的企业与企业家之命，逼迫企业不断选用真有本事之人，逼迫已上位的企业家时时刻刻用心学习，为长期增长奠定基础。

小结一下：做生意要有本钱，由市场本质特征决定。这里所谓本钱，一是本金，二是本事。改革开放以来，国人把办民企喻为“下海”，很是恰当。商海风浪变化莫测，从长期看，一靠企业本金，二靠企业家本事，凭“两本”制胜。在不确定冲击频频发生的环境里，以本图生存，以本博发展，以本争长久。

定位理论与企业抉择[①]

对定位理论，我是个门外汉。自己也没有任何商业经验，缺乏评判这门市场实践性很强的理论的认知基础。不过今天听了一天各位的分享，有理论阐释，也有经验案例，受到一些触动。下面和大家分享我在听会时脑子里发生的碰撞。

首先一点触动，是我对经济增长底层逻辑的思考。我所知道的经济研究，当然是从“斯密问题”开始的。众所周知，在亚当·斯密之前，世界上没有经济学这门学问。早年斯密在格拉斯哥大学任教，教的是道德哲学。后来，他被一个贵族请去

① 本文为作者 2019 年 10 月在纪念定位理论诞生五十周年活动上的主题发言，后经作者修订。

当家教，有机会陪着学生游历，从苏格兰高地走向欧洲大陆，见过很多学人，也观察到各不相同的经济生活。他提出一个问题：为什么有些地方人民过得好，有些地方人民过得糟糕？当年的斯密先生要探查的，就是其中道理。

经济学就始于这个斯密之问。世界上这么多国家和地区，哪里的个人、家庭、地方乃至国家，不希望过得富裕一点？但为什么有的如愿以偿，有的却迟迟不能如愿，甚至事与愿违、南辕北辙？观察和思考推动斯密找寻问题的答案。1776 年，他发表《国富论》，为政治经济学提供奠基之作。

斯密理论的立足点，是国民财富源自劳动分工。他是说，富裕不靠自然禀赋，也不靠劳作辛苦，更不是因为哪里有人三头六臂。富裕源于人们从事生产活动的方式：劳动者是什么都做，还是实行分工，发展专业化，然后互相交换。《国富论》起手就讲英国一个扣针小工厂的故事，如不分工，每个工人一天只能做一两枚扣针而已，但稍行劳动分工，生产效率提高了 1200 倍以上！分工提升效率，同样的资源和努力提供更多物品和服务，就是国民之富。

分工深化再深化，成为自斯密以来人类经济活动的日常现象。问题是，分工又从何而起？斯密的答案是交换，他似乎认定人有交换之本性。论到交换，无论产品还是生产中的某项技能，总有个“拿自己的换别人的”问题。拿什么换什么，其实就含着定位。开始可能很“自然”，你家萝卜种得好，换他家小鸡仔，看不出有何章法。随着交换规模越来越大，分工专业化越来越复杂，在大千市场世界里谋一席之地，主动选择，选错了主动调整，就越来越重要。

定位理论提炼市场中人的海量决策经验，帮助每个企业回答“卖什么、做什么、做多少、怎么做”的问题。日常经验很宝贵，但定位经验确有高下之分。对事后看来被证明比较高明的抉择，进行提炼、梳理和概括，可为后人面临决策时提供参考。这样的理性活动，受不受欢迎？当然受欢迎。定位理论应运而生。它帮助企业家化被动为主动，去平庸，出精彩，显著提升分工深化，为经济增长做贡献。这是我今天的第一个收获。

第二点触动是，主动的分工选择、抉择和定位，到底要看谁的脸色？定位理论说，朝客户那个方向看吧。这点非常重要。企业家不能老想着我自己有多厉害，不能觉得我技术了得、我营销能力超群、我有人脉、我有金融背景能集合资源，然后就定下一个方向冲。资源当然重要，但究竟把资源组合成何种产品与服务，以何种商业模式呈现，要问道于客户或潜在客户。

问题是客户一般不会清清楚楚地说他们到底要什么。流行语说“顾客是上帝”，但“上帝”一般不开口，他的心思你要猜。猜对猜错，后果极其不同。究竟怎么猜？定位理论教我们到经验里学习和领悟。“老乡鸡”原名“肥西老母鸡”，那也是特定地域、特定消费时代的一个名牌，对消费者有感召力，定位不算错。但当创始人束从轩谋求更大发展时，他要考虑合肥以外消费者心智里并没有肥西老母鸡的位置，更何况，今天一个“肥”字，足以让多少食客裹足不前！“老乡鸡”可不仅仅改了个名，他们主打的一款鸡汤，用足养16个月的优质鸡炖制而成，再也不是当年李鸿章等辈喜食的肥西老母鸡。

“顾客是上帝”，“以客户为中心”，对不对？非常对。定位理论要在此基础上再走一步。真正以客为尊，要下功夫了解客户的心智结构，学习从客户出发看市场、看产品、看技术、看自己。微信现在拥有十数亿用户，无疑是一款伟大的产品。研发之始，张小龙对他的团队提出要求，说我们开发这个产品，不是要客户用了之后认为我们了不起，而是要让他们觉得他们自己了不起。我是看到他的讲话后，试着让我母亲用微信。老人家学会了发照片、转视频、抢红包，真觉得自己了不起，但到今天她也不知道张小龙是谁。微信的厉害，厉害在出发点就与众不同。

定位理论有一点好，它能够把颇具强势人格的企业家从“以我为中心”转向“以用户为中心”。倘若越来越多的企业家完成这个转变，市场分工和专业化的局面就大不相同，国民财富就将大幅增加。所以，促进和帮助企业家重视并有能力在消费者心智结构里占一席之地，这门学问了不得。

在人们的心智结构中占据了一席之地，还不等于定位大功告成。大家听今天郎酒的介绍，如果“两大酱香白酒之一”不过是个广告词，那有什么高不可攀的？赤水河畔任何一家酒企都可以打类似广告。问题是光表达雄心壮志远远不够，还要把郎酒酿得好也销得好。离开质量过硬的产品，志存再高远，怕也难以如愿以偿。

何谓“质量过硬”？这简单一问并不容易回答。倘若把所有车都造成法拉利或劳斯莱斯，算不算质量过硬？倘若把所有酒店都改成五星级酒店，是不是就算高品质？当然不是。提“零缺陷”品控策略的菲利普·克罗斯比，倒有一个简明定义——“质量就是符合要求”。真是石破天惊，定直不弯是高质量，定弯不直也是高质量。为什么？因为都“符合要求”。反过来，不论定下造五星级酒店还是造一星级酒店，如果造出来的酒店为四星级，那都叫质量不合格。

这是说质量离不开定位。企业选定客户，选定能占客户心智的产品，再细化为一组要求，最后产品生产出来，符合要求就是够质量；符合的程度越高，质量也越高。这样看，质量管理为实现企业定位服务。品控之曲为谁而歌？不是为老板，而是为选定的客户，为满足目标客户的要求。品质控制也是一种能力，说得到还要做得到。

顺便提一句，不要认为只有高价高端产品和服务才有质量问题。低价产品也有质量问题，因为也要符合要求。天底下买廉价品的消费者一般收入就少，如果买到的廉价商品很快坏掉，再买一个差的补上，那活活就是一个没完没了的贫穷陷阱。世界上最糟糕的经济，就是廉价商品“物无所值”，价低质更次，连起码的要求也不符合。

第三点触动是，企业家关注消费者心智结构时，也要关注自己的心智结构，关注我们这个群体的心有多大多宽。这两年与佛山企业家们一起外出对标访学，发现很多小国家出品全球性大公司，比如丹麦，国土面积不过 4.3 万平方公里（不包括格陵兰和法罗群岛），一个半北京大，人口 580 万，但出了一批世界知名公司，如马斯基（航运物流）、诺和诺德（医药）、DSV（物流）、嘉士伯（啤酒酿造）、乐高（玩具）、奥迪康（助听器）和B&O（音响）。大家深有感触，小地方企业家的心很大，他们的定位可不限于本国，而是有点苗头就放眼世界，做全球生意。

对比之下，我们国家很大，但不少企业和企业家的心智结构反而不那么大，似乎有一种顽固的自我设限倾向，认为对于我们中国人好的商品或服务，老外根本就不会欣赏。我请教过行家，说所有中国白酒出口量加到一起，尚不如威士忌进口量的一半！中国人干白酒这么嗨，老外一定不嗨？就算过去不知道嗨还是不嗨，以后要不要试试知道他们到底嗨不嗨？

可以说中国企业还有一个很大的潜力，就是在认知上树立真正的世界观，大家要对外部世界更有兴趣，也更有信心在全球范围开拓新市场，发现新客户，找寻好客户。今天讨论的定位战略，不仅仅在中国市场实践，可以也应该在全球市场实践。在企业家的心智里，不但要以本地、本国消费者为中心，而且要以全球消费者为中心，把定位之路越走越宽，实现分工深化，为提升国民财富做贡献。

烟台夜话[①]

大家关心宏观形势，总有道理。不过对于做企业的来说，宏观经济形势是不是真的那么重要？譬如我们今天来这里，有谁关心今天全球天气如何？全球天气非常宏观，但在常识支配下，我们更关心今天烟台的天气怎么样，下不下雨，有什么异常。当然，烟台天气与全山东、全国、全世界乃至全宇宙都有关系，这些对它都有影响，问题是所有影响当中，有的是强影响，有的是弱影响。除非我们处理信息的时间和能力无限，否则只好集中精力对付极其局部的信息，关注那些对自己活动有

① 本文为作者 2023 年 5 月随正和岛“案例探访”团队前往烟台调研时与现场企业家的深度分享和探讨，后经作者修订。

强影响的变量。

以我的观察，企业在市场中能不能站住脚，很大程度不是由大气候决定的。宏观形势总有好有坏，但从经验说，再差形势下也出好企业，再好形势下也有企业垮掉。道理何在？可能就是大形势与个别企业的联系并非总那么强，对多数民企来说，不如把精力更集中到对自己有强联系的那些事物上。

对企业直接影响最强的是客户。这一点任正非讲得清楚，企业开门都要花钱，给员工付工资、给供应商付费，还要给股东和投资人分红利，给政府缴税，而只有客户是给企业钱的，企业动用的所有资源、付出去的所有费用，讲到底都从客户那里来，也只有从客户那里来。企业怎么能够不以客户为中心？

客户的学问非常深，他们不断变化的需求，以及在市场竞争格局里如何得到满足，对企业有决定性影响。如果加上发现潜在客户，以及不断寻找更好的客户，那就决定企业的未来。这些强联系和强影响，不可假手于人来处理，因为除了你自己，任何别人都难以把握。这才是你企业的“宏观”，值得企业家集中精力来研判和决策。太过关心泛泛的宏观，放过自己企业的那组宏观，怕是捡到芝麻，放过西瓜。

信息革命以来，我们获得信息的成本大大降低。带来的新问题是处理信息的能力越来越不够用。为什么很容易焦虑？不是因为信息太少，而是处理不了过多的信息，驾驭不了信息超载，难以得出有行动意义的决策。为了提高驾驭能力，恐怕要先求信息摄入与处理能力之间的平衡。要提倡减法，就是大幅度减少获取处理不了的信息，企业领导者把时间和精力用于提升自己的理解、思考和分析能力。

直截了当地讲，就是少看、不看那些根本处理不了的信息。横竖看了也不知道该怎么想、怎么理解，为什么还要去看？人云亦云一番，毫无意义。有人担心，这样是不是会错过一些大事？不妨试试，把刷屏时间减掉一大半，看看究竟错过什么大事。省出来的时间干什么？对做企业的来说，可以集中更多时间去研究值得你研究的事，那就是客户、你的客户、唯一给你们公司付钱的客户！

对于国际情势的乱局，如果非要看透些什么，我觉得有一点是基本，那就是竞争无处不在。1890 年以来，美国一直是世界第一大经济体，其他无非在二三四五六名之间切换。全球经济体之间，不断在竞争中发生相对地位的变化，其微观基础，其实是各国各地企业，永远不停地在市场里争来争去。资源有限，需求无穷，永远紧张。人和人争、企业和企业争、地方与地方争、国家和国家争，这是普遍的、无处不在的。但是宏大的全球竞争叙事，与你我之间隔着千山万水。关心天下大事当然应该，但前提是首先处理好与你紧密相关的自己企业的那组宏观，因为天下大事有无数人和机构在研究，但你企业的事只能靠你自己下功夫。

譬如年前，我们在佛山发现，制造业企业不只在海外卖产品，还越来越多地到海外建厂。从产品“出口”到制造和服务能力“出海”，是一个不小的变化。企业出海要真金白银地到过去陌生的国度去投入，不免困难重重。为什么制造企业从出口转向出海，背后逻辑究竟是什么？

开始，我也以为是对特朗普关税冲击的直接反应。没有错，出口关税陡然上涨，很多对美国市场的出口生意就做不成了，迫使一批制造出口企业迈开出海的步伐。但是多看了一些实例之后，我发现很多制造企业出海，远早于特朗普发起贸易战。像美的集团，2006 年就到越南胡志明市附近建厂。申洲国际也早在 2013 年出海建厂。那时还没有特朗普什么事，那时为什么就要出海呢？

答案是，出口导向使然。因为中国制造产品大量出口，甚至一时间“世界工厂”名满天下。问题是总要有一个合理的度，一旦过了某个临界点，断然无可持续。想想啊，咱们是世界工厂，源源不断出口创造新高，但人家买咱们出口产品的购买力，又从何而来？容易想到的一个答案是，人家也向咱们出口产品，赚到了钱，由此有了进口中国制造产品的支付能力。问题是，多年以来，是咱们卖出去的货品多，向别人买进来的少，形成巨额贸易顺差，那人家的进口容量就得不到足额购买力的支持，怎么可能持续？这也是国家为什么要办进口博览会，希望咱们也购买更多人家的产品，平衡国际贸易，达成可持续发展。

这样看，哪里也不会有永远的“世界工厂”。看看历史，工业革命发生于英国，但英国并没有生产出可以永远卖给全世界的工业品，反倒是出口转出海，让现代工业制造技术和能力走出英国，走向工业化后发国家与地区，到西欧、北美、东亚和其他地区，开启全球工业化，激活全球市场。要是英国当得成永远的世界工厂，后来者哪里还有戏？

这还是仅仅从数量上看问题。制造业总要随需求和成本的变化不断发生品质变化，其中包含从出口转出海的更深层次逻辑。2022 年我访问在土耳其建厂的科达公司，当地一位叫李成才的销售经理给我上了很好的一课。科达是瓷砖设备生产商，李成才作为销售经理在土耳其工作了 12 年，亲历从产品出口向能力出海的转变。他说科达一开始靠推销低价设备打进土耳其市场，与意大利同行竞争。那时的销售对象都是行业底部工厂。后来想把设备卖给好一点的客户，就要提升设备性能。好客户的要求高一点，要求设备供应商及时维护设备，必须在土耳其建零部件配件仓库，方便就地即时服务。再后来，要与意大利顶级品牌争头部客户，那些最好的客户除了验设备，还要验厂，看你制造能力的综合水平。如果厂子远在中国，怎么与意大利顶级公司斗？

由此，科达下决心在土耳其买地建厂、培训驻地工程师。这里包含着制造业品质革命的内生逻辑：一开始卖产品，到一定程度，要争售后服务，转为当地制造，成为本土化企业。

宁波的申洲国际是全球服装大品牌代工企业，做得风生水起。但很早的时候，大客户要求他们到东南亚新建产能，从委婉建议，到直截了当要求。国际大客户的行为倾向逼人思考，为什么当今时代，跨度很大的布局才能应付一些意外的经营风险，包括地缘冲突带来的外生冲击，增加企业生存能力，捕获新的发展机会。

柬埔寨和埃及的大部分地区，类似于20世纪80年代刚刚实施改革开放的中国。大家可以回想，如果占人口多数的传统农业从业者、小摊贩和小手工业者没有机会跨入大规模工业化，会不会有那么可观的收入增长？他们靠什么才买得起工业制造产品？早年发展的秘诀之一叫“无工不富”，揭示了所有发展中经济的一个基本规律，那就是工业化是迈向现代化不可逾越的一个台阶。

制造业与传统农业、手工业、小商业最根本的区别，就是规模化生产。从传统经济出发，农民只要进工厂，天天上班就天天有收入，再也不是传统时代有一搭没一搭的谋生模式，而是能获得稳定、持续的收入。更多传统农业人口转变为工人，收入大幅增长，反过来就可以大量购买工业产品，制造业为自己创造增厚的市场。

这也是为什么越南、柬埔寨、埃及及非洲诸多尚没有完成工业化的国家和地区，欢迎日企、韩企和中国企业到当地办厂。那不但能帮助当地出口创汇，增加本地税收和就业，更长远的影响是改变传统经济结构，大幅度释放经济增长潜能，加快现代化进程。

所以从产品出口到能力出海，是工业化和现代化的必经之路。以中国自己的经验，如果没有当年那些乡镇工厂和民营企业，怎么可能解决数亿过剩农村劳动力？经过几十年改革开放，我国工业化大有进展，国民经济从严重供不应求的普遍短缺转向高速增长，更转向提升品质的高质量发展。在这个大变局之中，企业到更远处布局，绝不仅仅为应对短期冲击，还是合乎经济逻辑的大势所趋。

我们都去过宜家，那是初创于瑞典一个贫穷村子的公司。它到全球开门店，包括到中国开店，有什么违和之处吗？难道宜家只有瑞典客户喜欢，非瑞典人、中国人就不喜欢吗？显然不是。大国企业容易自我设限：反正国内市场很巨大，制造的产品卖给国人都忙不赢，就不去想到更远方寻找更多更好的客户。反过来，小国家、小地方的企业，早早就被逼出开阔的世界观，早早就敢于也善于把它们的产品推到世界各地，试试有没有别人也喜欢。这几年跟着佛山企业出去对标访学，大家的一个体会是，好产品为人类造。中国市场的确很大，但怎么算，总还是全球市场的一个部分，总不可能比全球市场更大。

问：周老师好，之前您讲过一句话：本金定生死，本事看长久。本金我就不谈了，本事我把它理解为独到性，或者说是企业的绝活和金刚钻。但对多数民营企业来说，可能还是想多赚点钱，对绝活和金刚钻不那么看重。所以我的问题是，如何把这种独到性植入企业，通过独到性带领企业不断创新发展，让处在低谷的企业继续保持活力？

周其仁：这是一个很好的话题。独到性不是我的词，最早提出独到性的是通用汽车的CEO斯隆，他后来担任麻省理工学院商学院首任院长，他说商战其实就是两门学问，“要么成本领先，要么与众不同”。

什么意思呢？就是企业在市场里参与竞争，要么比别人做得更便宜，这样你就增加了卖出产品的机会，要么别人不会做，只有你会做，那是更好的机会。当然更可以结合起来，既有独到性，又控制成本，那就如虎添翼。

迄今为止，中国经济靠哪样？是不是主要还是靠成本优势？在独到性方面，靠充分发挥后发优势。看企业当然要看产品和技术。活着的企业一定在生产产品，而产品背后总有技术。不难发现，我们企业的产品和技术，大多是引进的。因为我们在近代落后，很多机器设备和产品都不会造。怎么办？我们的路线是引进、吸收、消化、改造，尤其是后面那几个词，效果很厉害。

比如我们今天在冰轮环境看到的制冷设备，最早的技术是从苏联引进的，苏联的技术从哪来的？从德国过来的，也有一部分是美国的。无论是列宁还是斯大林，当年都曾大量引进外资和外国先进技术，譬如曾在苏联风靡一时的“莫斯科人”小汽车，追下去是对早年奔驰汽车一个原型的仿制。

深究这件事，其实也合逻辑。后发经济体并不需要靠自己来发明。什么都要自己发明，那经济增长的代价就太高了。从中国经验来看，近代以来一直兵荒马乱、外忧内患。新中国成立后百废待兴，毛主席当年就说：“现在我们能造什么？能造桌子椅子，能造茶碗茶壶，……但是，一辆汽车、一架飞机、一辆坦克、一辆拖拉机都不能造。”[①]那怎么办呢？学苏联，从比我们发达的国家引进技术，仿制产品。像东北成为最早的工业化基地，就是靠苏联援建。另外，在苏联之前，日本占领东北期间，也建有兵工厂、制药厂、造船厂等。这是东北工业化的基础。

---

① 《毛泽东文集》（第六卷），人民出版社，1999 年。

引进外来技术后，中国人学得很快。到改革开放，更大规模引进、消化，也就是更大规模发挥后发优势，取得高速增长。不过正如已故经济学家杨小凯警告过的，后发优势也可能转为后发劣势，因为靠引进久了，就再也不习惯或者不情愿去原创。多数情况下，在技术层面，别人做出来产品，在市场上转为经济收入，我们紧紧跟上，有样学样，来得比较快。当然我们也搞技术攻关，因为别人设技术壁垒，不让你引进，就算照着做，也有很多技术难题解决不了，有技术窍门找不到，非攻关不可。不过整体而言，知道某个东西一定能够造出来，因为别人已经造出来了，那样的技术攻关就相对容易一点。

制造业后发优势有什么特点？我以为是四个字——“看到了造”。比如，汽车已经在人家街上跑，我们看到了，那就买一辆回来拆，拆开来，有的明白了，有的还不明白，那就搞技术攻关，不行找大学，再不行找院士，直到看明白、做明白，把汽车造出来。

但后来者看到了造的产品及技术，最早从哪里来？简略地说，也是四个字——“想到了造”。那就是先动脑有想法，再动手造出产品。大家熟知最早的内燃机汽车就是 1885 年德国人卡尔·本茨先生“想到了造”的结果。当然，任何初创者不可能靠胡思乱想就成功。在本茨先生之前，法国人就造出过蒸汽动力车和电动车，为现代汽车制造探索铺路，那是更早期的

"想到了造"。

当下人工智能大热，那人工智能是怎么来的？说是1950年图灵找六位剑桥教授，坐下来讨论一个问题：机器能不能思考？正因为先有科学问题，驱动科学发现，再有技术发明，在一系列"想法"的基础上，经过一代代人的努力，才组合多种技术，有了今天可用的人工智能产品。

我们今天都用的5G技术，最初来源，是一位土耳其科学家关于新极化码的科学论文，也是一种"想到"。华为研发团队把科学想法开发为技术专利，才有市场可用的5G，再源源不断地实现"想到了造"。

也就是说，"想法"才是科学原理、技术和产品的源头。原创，就是从想法开始创。制造业转型，是不是要从"看到了造"转向"想到了造"？这一步非常关键。如果迟迟不能完成转型，中国的后发优势就可能转为后发劣势。所以我现在的一个调查工作就是寻找那些能把原创想法变成技术和产品，从而创造出新市场的经验。目前来看，这样的公司很少，但也不是没有，譬如远大科技集团。

远大创始人张跃和张剑是两兄弟，刺激他们创业的是当年很多锅炉爆炸。早些年总听到锅炉爆炸的坏消息，他们就想着能不能做一种不爆炸的锅炉，结果研制出了安全性更高的无压锅炉，赚到第一桶金。后来又看到空调破坏臭氧层，就想着能不能造一种更环保的空调，结果研制出不用氟烃类制冷剂的非电空调，对臭氧层没有损害。这些年远大在张跃执着的坚持下，发明用不锈钢制成的“芯板”作为未来建筑材料，并坚持十数年试造“活楼”。远大研发独创产品的投入靠自家利润，到今天也没人知道能不能取得市场成功。但张跃就是带着几百号人坚持干，而作为最早一批民企之一的远大公司里，还真有那么一批人跟着张跃一起干。

现在很多人抱怨市场竞争太卷，其中一个成因，是不是走“看到了造”这条路线的企业太多？“看到了造”固然比“想到了造”容易些，但同时看到的人有多少啊。众多企业一起选容易的路，结果反而挤得走不动了，越热门越拥挤，能不“卷”吗？

当然，成本领先也可以对付“卷”，可以靠不断降低成本在极卷的市场里立足。这也是不小的贡献：成本低，把产品卖得很便宜，让更多消费者享受到现代工业文明的成果。但成本领先都贡献给价格竞争，企业发展就难有后劲，市场竞争力不可能强，低工资招不到优秀员工，低价钱也买不来优质材料，一旦市场有风吹草动，很容易受伤。

回看整体，后发经济体的制造业也许可以分为四个阶段：第一个阶段叫看到了也不会造；第二个阶段叫试着造，但造不好；第三个阶段是造得略微像样，靠杀价、做“价格杀手”打开市场；第四个阶段是品质竞争，特别是创新驱动，靠独到性制胜。

应该看到，在“看到了造”这条路上，我们的制造业已经走得很宽很远了。如果场中企业都觉得市场太卷，竞争太激烈，是不是要有一些企业带头上更高台阶，发起品质革命，开始尝试靠与众不同在全球市场出彩？

我这些年访问过很多制造业公司，设备不是德国的、意大利的，就是日本的。中国公司造不出这些设备吗？回答是有的还造不了，但也有好多国内企业已经可以造，只是在品质上，比如精度、稳定度和良率方面，还差那么一点点。大家可别小看“就差一点点”，这一点点恰恰是最难的。好比跑短跑，开头提速还容易，到最后与第一名就差 1 秒甚至零点几秒，要追上那一点点才叫一个难。

这样看，制造业民企的避卷之道，一个方向是提升品质，一个方向是争取独到。两个主攻方向有一个共同点，就是要以客户为中心，特别要以好客户为中心，满足目标客户的品质要求，制造受目标客户欢迎的独到产品与服务。

水大鱼多话餐饮[①]

流行之见，餐饮业算不上战略行业。不过，在日常经济生活里，“民以食为天”，餐饮业很有特点，大有潜力。

首先，餐饮业在国民经济里举足轻重。我们看 2017 年国家统计局进行的住户调查显示，城乡居民家庭开支诸项中，占比最大的还是吃，平均约占 30%。房地产开支很大吧？但在居民家庭开销中的占比不过 22%。其余如交通和通信，加到一起不过 14%；文教娱乐占 11%；医疗保健占 7.6%。老百姓的花销，吃喝是最大项。

---

① 本文为作者 2018 年 5 月在“美团 · 2018 中国餐饮产业创新峰会”上的主题分享，后经作者修订。

其次，居民家庭用于吃的开支，大部分还是买菜做饭，算不进商业性餐饮业范畴。恰恰是后者，包括市场餐饮提供的堂食与外卖，增长非常迅速。2018 年全国餐饮业总营收近 4 万亿元，已经连续 5 年保持 10%的年增长率，高于同期国民经济 6%~7%的增长率。

再次，餐饮业体制的市场化程度很高。这个行当基本没有价格管制，食客竞买，商家竞卖，丰俭由人，并没人吐槽“吃饭贵、吃饭难”。除了食品安全、卫生监管，一般无须行政机构管头管脚。行业准入很是自由，餐饮企业开门关门、生生死死，社会习以为常。这个行当的就业机会可不少，2014 年全国餐饮业从业人数为 1400 万，到 2017 年翻了一番。

看未来，餐饮业继续发展的潜力如何？我以为前景远大。先说衣食住行，商业化潜力最大的，我觉得就是餐饮。大家看看“衣”，现在哪有家庭靠自己解决穿衣问题的？城里没有，乡下也几乎没有。“住”呢？农民当然很多时候是自己盖房，不过自盖农民房的人口越来越少，从实际居住占比看，形形色色的商业供房总量惊人。“行”者，无论民航、高铁、客轮、长短途公交车、网约出租车和共享单车，都非自给自足，即便满街电动车，绝大部分也是商业性快递，不是拉着自己跑。

唯家庭自办伙食，在城乡居民的“吃”当中还是占大头。不过看趋势，由妈妈亲自提供的味道占比应该会下降，商业餐饮占比会上升。诸位有没有注意，年轻人群里会做饭、愿做饭的越来越少？且不论会不会做饭，愿不愿做饭，反正一届比一届年轻的人群，越来越少在自家做饭。我到深圳参观过一些人才公寓，每层楼仅设一处公用厨房，各家各户根本就没有家庭厨房。管理员介绍，公用厨房也用得不多。吃饭问题怎么解决呢？答案是靠市场餐饮。

据此判断，随着养成新消费习惯的人口不断成长，“吃”的商业化程度也大幅度提高。当然遭遇经济衰退，“消费降级”还是有可能的，不过降级究竟是商业餐饮降价降等，还是退回自给自足，怕还有待观察。比较肯定的是，但凡经济增长，餐饮商业化一定更上一层楼。

上述餐饮业在数量上增长的潜力，离不开餐饮品质的提升。人们收入增长以后，对食物品质的敏感度越来越高于对价格的敏感度。这里要注意，餐饮品质涉及健康和生命，一旦出岔子，不是靠商家提供产品担保就能对付的。试想一餐入肚，若有什么不适，总不能说咱家包换——倘若再换再坏，岂不是拿人健康性命当儿戏！包赔吗？也难——一份餐饮花费有限，但品质出错带来的损害可能极大，赔多少才算够？这种特殊难点，我以为是商业餐饮比市场化服装占比来得低的缘由。餐饮品质要取信于客户，商业上需要另辟蹊径。

这也是为什么在餐饮业，品牌连锁发展迅猛。以我的理解，品牌其实是商家给消费者提供的一种抵押：万一食品品质出岔子，消费者相信商家所受损失比自己的要大得多。餐饮单店不可能过大，因为不容易集天下人吃喝于一处。但品牌连锁就不一样，单店可以不大，可满世界连锁，一荣俱荣，一损俱损，把整个连锁企业的信誉都“押”给客户，当然就比较可信了。君不见，市场里第一个连锁品牌麦当劳，正是诞生于餐饮业。

根据美团点评的资料，截至2018年，我国餐饮市场营收最大的两大餐饮品牌分别是肯德基和麦当劳。肯德基中国拥有超过5000家门店，年营收过400亿元。麦当劳中国拥有超过2400家门店，年营收超过200亿元。中餐的烹饪和管理方式，传统上与连锁品牌有不小距离，但这些年有大幅度改进，餐饮品牌包括连锁品牌大批涌现。如海底捞2017年开始营收超100亿元，西贝2019年营收应该达到69亿元。沙县小吃、黄焖鸡等连锁品牌，都创下不错业绩。

有一次财经作家吴晓波问，怎么概括2008—2018年那十年的中国市场经济发展，我当时想到四个字——“水大鱼大”，意思是市场大，有机会长出大企业。不过看中餐企业，总体来说还是个性化强，中小企业居多，似乎是水大“鱼群”大，但“大鱼”还不够多。从这点看趋势，头部餐饮企业有希望更快成长。

最后，餐饮业虽然传统，但绝不意味着不需要运用高科技。

刚才讲到中餐品牌目前企业规模最大的海底捞与西贝，主要食材都与羊有关，我觉得绝非偶然，其中一个支撑条件是我国北方有大草原，可以提供大批量的优质食材。其他品类要做强做大，食材、可靠食材的大批供应，就是不小的挑战。由此，来自农牧业的食材及其保鲜技术，对餐饮大品牌的发展至关紧要。

我们相信，作为内需消费市场里占位靠前的餐饮业，将迎来更多新变革。正如吴晓波那本书所说，“大水之中，必有大鱼”。未来，餐饮人将大有可为！

佛山制造“草灌乔”[①]

“草灌乔”，是20世纪80年代西部开发当中的一个经验总结。当时西部很干旱，为了逆转沙漠化逼近的趋势，要种植绿色植物。一开始的思路，跟实际情况有些不一致：当时引入了很多树种，但因为当地非常缺水分，都没有成功。后来总结，当地土壤涵养水分太少，树种下去水分供不上，最后活不了。后来就从种草开始，草的生命力强，可以改造底层生态条件，

---

① 本文为作者2021年11月在2021佛山企业家大会上的发言，后经作者修订。从2018年起，作者连续5年与佛山市工商联、《南方日报》聚焦制造业开展主题调研，并在每年的佛山企业大会上发言，相关内容可见网站：www.zhouqiren.net。

水分涵养多了，再种灌木，最后种乔木，比较容易成功。这就是“草灌乔”的由来。

我过去在研究乡镇企业和农村企业时也发现，这些企业跟集中国力办大型国企不一样：一开始都非常小，非常散，就是草根企业。慢慢市场变厚了，社会经济方面的“水分涵养”足了，就长出中小企业，好比灌木，最后出大企业、头部企业，就是企业群里的“乔木”。这点在佛山非常显著：800 万人口，有 100 万个市场主体，其中 40 万家企业。企业里既有世界 500 强，也有一人公司。

所有大中小企业，在这两年面临的经济形势都是蛮有挑战的：又是疫情，又是贸易战，国际国内环境都发生很大变化。怎么适应大环境的挑战，维护民营制造业，保持这来之不易的系统生产力？这是今年研究的题目。选题叫“草灌乔”，看看不同类型的企业各有什么好办法。佛山有将近 40 个产业集群，就是在一个区域内相对集聚起来的产品群和产业群。我们时间有限，选了 7 个集群做调查研究，它们分布在佛山不同的区域。

企业与市场网络的互相连接

民营企业都是市场里的企业，要在市场里争取生存和发展。

那么，我们首先看看企业跟市场环境之间是怎么互相连接的。

我们去的第一个集群是张槎的针织集群。张槎是佛山市禅城区的一个街道，那里企业与市场互动的模式很有意思：当地的针织企业是通过40分钟车程外的广州的中大布匹市场，来实现与市场的互动的。改革开放以来，中山大学门口就形成了一个全国性布匹、辅料、衣饰交易市场。这个市场供应全国，全国的品牌商、开发商都来中大市场采购，这里也有一些国际采购商。有了这个市场通道以后，制造力就会靠近它部署。当年因为机缘巧合，一批制造业企业选择了张槎。一开始只有一两家企业在张槎；到了今天，在张槎这么一个20多平方公里的地面上，集聚了4000家针织相关企业。张槎产出的布料中，80%供应给中大市场，再通过中大市场供应到全国。同时，全国产出的棉纱中，平均每天有1万吨左右进入张槎。

现在张槎主要还是遵循原来的模式，80%的布料销往中大市场，但是已经出现了非常有意思的新苗头，开始生长出一些不通过传统市场跟全国、全世界需求相连的新通道。有一个办法就是企业开始变成世界上一些服装品牌商的直供商：不经过中大市场去销售，而是直接给品牌商供货。另一个办法是创造出一些升级所需的机械装备。所以，张槎的业态已经不是原来那样单一的、以针织为主的了，它的设备生产部分成长得非常快。例如，我们这次调查遇到了一家叫美嘉的企业，做陶瓷设备。这是个非常精彩的故事，后文我会介绍。更厉害的办法，是在张槎创办的企业，开始做自主品牌去打市场。

这就构成了一个比较完整的生态：有东西出去，有东西进来，张槎在整个中国服装行业当中是蛮有地位的。这是我们看过的第一个集群。

第二个集群是佛山著名的集群——北滘家电集群。它不是像张槎那样，通过中大市场跟世界联系。北滘是通过大企业跟世界市场联系，其中最大的企业就是美的集团。

美的现在最新的战略叫作四大主轴，其中最重要的就是全球布局：在全球建研发基地、制造基地，把产品卖到全球去。在中国的世界500强企业中，美的是境外收入占比比较高的企业之一。虽然今天中国的《财富》世界500强企业比美国多几个，但是跟美国的大企业相比，中国企业的国际收入占比普遍偏低。但是美的做得很好，产品全球销，全球布局，带着它的几百家供应商走向全国市场、全世界市场。同时，北滘的产业绝不单一，不是只有3000亿元产值的家电产业，还有3000亿元产值的机械装备产业——第二个产业集群已经发展起来了。北滘还有其他家电业态。虽然说“大树底下不长草”，但北滘的大树底下不但长草，还长出灌木，并将来有希望变成乔木。稍后我会介绍德尔玛收购飞利浦全球水净化业务的故事。北滘还有碧桂园，是一个地产企业，现在也进入了制造业，在造机器人。

这是第二个业态，通过一个或几个大公司，辐射到国内外市场去。

第三个业态是以上两种的结合，比如大沥的铝型材集群。这个集群形成的年份已经很久了。大沥蛮有来历，特别是工商业传统很是悠久。其实全中国已探明的铝土矿从全球看不算富有，但全球加工能力却集中到大沥，它的模式是出了一批像样的企业来连接市场。

最新的发展是，头部公司联合起来建高端市场。这个高端市场，不是中大布料市场那种集市贸易的形态，而是交易量极大、范围极广、交易形式极为抽象的交易所。原来这类市场在上海，后来经过几年努力，形成一个“华南铝价”——这种金融信息生成的节点，就在大沥镇。全球铝业展览中心也落地大沥镇。头部企业组织高端市场与全国和全球市场相联系，然后从几内亚、澳大利亚等地进口铝土矿，把加工环节放在这里。

近年，房地产行业有了新变化、新需求，大沥的企业也有了新触角。在中国，“住”的问题非常多面，比如大量老门窗需要更换，于是出现了系统门窗，出现了活动门窗、活动阳台。这些产品都是铝制品，但已不光是建筑型材，还有全铝家具、以铝代木的产品。铝可以回收，既轻又坚固，深得消费者喜爱。

来来往往的世界

所以，我们要把企业放到它与外部世界互相连接的网络中来观察。我们的观念也要发生变化。过去，我们看世界就只是一张国别地图，以为世界就是一个又一个行政板块拼起来的：这块是中国，那块是日本，还有一块是韩国，等等；到了中国里头，广东省一大块，里面有佛山市等一批市区县。反正世界就是一块一块拼起来的。到今天为止，世界就是由不到 200 个主权国家的块块拼成的。

但是，如果着眼于居住在这些行政块块里的人们的实际经济行为，就会发现越来越多的人的活动离不开"跨界"：在国和国、省和省、市和市、村和村之间，跨越边界，来来往往。越往现代经济走，这个特征越显著——世界是由来来往往组成的一个超大网络。

据统计，全世界所有的国境线加起来长约 25 万公里；但是跨越国界的高速公路、铁路、水路、航运、信息高速通道、金融通道，加起来有几千万公里。什么是"一带一路"？就是互联互通，来来往往。我们看全球航线图，如果没有疫情，没有贸易战，全球每天有 5 万架飞机在上空飞，往来最密集的就是亚洲，中国的航线已经密到画不清楚了。如果看全球航运图，几个大洋之间每天有非常多的船只进港出港。最大的船能装 3.2 万个标箱，只有上海和鹿特丹港口可以停泊，在欧亚大陆之间来来往往。当然，疫情和贸易战反过来提醒我们，一旦遇到往来的障碍，经济马上萧条，经济指标就下去了。所以，我们可以用两个世界观看世界：一种是“块块”的世界观，好像人在一个个行政板块里都不出去；另一种是“来来往往”的世界观，市场里面的民营企业天天都在来来往往。

来来往往可以用另外一种构造来理解，就是网络节点。什么是网络和节点？我来过佛山几次，佛山这么大一片地方，我无非就是来到某几个节点，来到禅城、南海的某个镇，通过这个镇去访问某些工厂。这就是网络节点。网络和节点的构造最早是由通信领域采用的，通信信号就是在网络中通过节点转到下一个可能的空间去。

用网络和节点的思路来看世界，就会有一些不同的意味，也会带来一些不同的问题。世界上不同地方的繁荣程度差别是很大的。有一个“灯光指数”，就是夜间哪里灯光亮，哪里一定人口集聚，收入高，这与人均GDP的分布情况高度重合。中国灯光最密的地方，有华南地区和珠江三角洲，但亮度跟日本比还有距离。为什么有些地方会这么亮，有些地方那么暗？你从“块块”的角度很难理解，因为国民都是平等的。为什么有些点上出现特别强有力的集聚？很大的点，有些是中型城市、国际都市，有些是区域中心，有些是某个专业领域的中心，例如金融中心、交易中心。更有意思的是，如果我们把历史和时间因素加进去，有些点会从很暗淡变得很耀眼，有些点会从曾经的辉煌走向衰败。我们研究地方经济或者企业的命运，离不开对这些问题的思考。

繁荣还是衰落：看不见的客户定乾坤

我们在佛山这几年，很希望佛山制造业的繁荣能够长久。可是，并不一定所有的繁荣都能那么长久。

看看曾经发起工业革命的地方——英国的曼彻斯特。人类最早告别传统纺织业、将动力用到纺织机，就发生在这个城市；最早的纺织工厂，就诞生在这个城市。辉煌的时候，这个地方曾经占有全英棉纺织工业 1/4 的份额，它曾是原棉和棉纱的贸易中心，有密集的港口铁路。这曾是世界的一个重要节点，非常集聚，很多工人到这里找工作，很多投资者到这里找机会，这里的产品行销全球。曾几何时，曼彻斯特变成了一个衰落的城市。所以有很多行业积聚起来的节点，成也萧何，败也萧何。

我们再看一个美国的故事。底特律，鼎鼎大名的汽车之都，福特、通用、克莱斯勒三大汽车公司都诞生在这个地方。福特当年风靡全美的T型车就发明于此。后来影响全球制造业的流水生产线，也诞生在这个地方。可是，2013 年底特律政府宣布破产，人口急剧下降，很多厂房破落。2014 年我正好到美国出差，特地自驾前去观看。但见那里曾经的上流住宅区，大批独栋别墅破败不堪，空无一人。当然，还是自然界厉害，不少空房子里长出了树木！

后来我在哥伦比亚大学访问时，专门跑去所谓的“锈带”看一个老牌钢铁公司，说美国第一艘航空母舰的甲板是这家公司供应的，今天还屹立在旧金山的金门大桥也由这家公司供应钢材。可我去看的时候，就剩一个锈死了的巨无霸，惊人庞大的高炉设备和厂房，连拆的能力都没了。当年的明星工厂锈成这样，那工人呢？每个工人后边那一个个家庭呢？统统都没啦！

为什么一个企业、一个地方先是兴盛，然后又衰败？如果我们从长远看，很多问题并不是一天就形成的。我们必须问：哪些要素就埋在了当年非常的繁荣里？

我们这次调研聚焦到一个因素，那就是客户。这是真正决定哪一条连接持续旺、哪一个节点持续强的因素。但是在整个经济活动当中，客户因素受到的重视远远不足。我们经常关注厉害的企业、厉害的技术、厉害的商业模式以及正在走高的行业——这些变量当然都值得重视，但这些变量最后都无一例外地指向客户，才能真正被激活。

在产业史上，汽车并不是福特公司发明的，而是德国的奔驰发明的。但福特公司怎么会把美国变成车轮上的国度？因为它看到了欧洲汽车制造商认为不是客户的客户。欧洲工业制造品质很好，但只为少数高端人群服务，为王公贵族把产品做到极致。但是，普通大众开得起汽车吗？欧洲早年的汽车工业家似乎不太关心这个问题。可是福特很在意，他认定要是更多人都开上汽车，这个产业一定不得了。他作为一个老板，甚至认定自己工厂的蓝领工人也应该开上汽车。福特的这个执念，让他发现了其他汽车制造商看不起、看不上、看不到的新客户。也正是这个执念，让福特发明了工业流水线，大批量制造低成本汽车，同时又大幅度提升工人薪酬，双向发力创造了大众汽车消费。

不过，也是这位福特先生，被自己巨大的商业成功拖累，过度执迷于大批量制造的廉价车，错失美国新兴中产阶级家庭对多样化车型的潜在需求，差点让昔日明星公司破产。成也萧何，败也萧何，成败皆因企业对客户的认知。

持久独占市场鳌头的也有，如吉列剃须刀。吉列于 1901 年创办，到 1917 年就占美国国内市场 80%的份额，到 2024 年尚占 54%。这家公司最重要的经验，就是无论技术创新、产品策略、品质提升和品牌塑造，都紧紧围绕客户与潜在客户，尽力予以客户超出预期的满足。

下一个故事是关于我们和佛山企业访学团一起去看过的宜家公司。有人说，宜家不就是做家具的吗，但人家在全球几大洲开了 300 多家门店。宜家起家的地方是一个很穷的村庄，当年村民要炸开石头才能开荒种地。创始人出生在这么个地方，能做什么生意？他起家的方式是发给村民一些简单家具的图纸，让大家利用周遭伐木余下的边角料制作简单家具，由他负责去销售。他帮村民挣到钱，然后村民再到他的商店里来消费。直到今天，先帮客户省钱，再挣客户的钱，仍然是宜家商业模式的不二法门。

其实中外商业故事的逻辑很一致。把这个道理总结得最清楚的就是任正非。华为的技术当然厉害，但更厉害的是以客户为企业一切活动的中心。大家听听任总怎样阐释："从企业活下去的根本来看，企业要有利润，但利润只能从客户那里来。华为的生存本身是靠满足客户需求，提供客户所需的产品和服务并获得合理回报来支撑。"之后这句极为重要："员工是要给工资的，股东是要给回报的，天底下唯一给华为钱的，只有客户。"——企业怎么可以不以客户为中心？！

我们在访学过程中每天参观后都要复盘，大家对认知客户有不少感悟。首先，客户才是企业的阳光和雨露，只是市场里的阳光并不普照。客户的购买力，并不是见谁都自动掏出来的。佛山最大的 100 家企业的 17444 亿元的营收可不全来自佛山本地消费者、本地客户吧。佛山以外、广东以外的客户，中国以外其他国家客户，为什么买佛山制造的产品？要靠企业在竞争的市场里去争取。

竞争、竞争，到底争什么？讲到底，就是争客户！争客户更喜欢你的产品和你的服务，这才是竞争的本质。可是不少公司的主要精力似乎并不在客户身上，而是在竞争对手那里。当然市场竞争离不开关注竞争对手，但关注的重点是人家比你满足客户的程度，特别要关注客户或潜在客户尚没有得到满足的那些需求。

还有不少老总关心经济总量、全中国市场总共卖了多少、社会零售总额，以及国家经济总量的增长率，等等。但是对搞企业的来说，这些变量究竟有没有那么重要？中国 14 亿人天天在花钱，全世界 70 亿人也天天在花钱，国内国外无数企业天天在采购。真正的问题是，哪些客户会成为你的客户？你有什么特别的产品和服务可以满足他？如果这些客户的需求你满足不了，或不能比其他竞争对手更好地满足，那些“万亿市场”对你就没有意义。对每个企业来说，最重要的就是谁已经是或者可能是你的客户。

客户的心思很难猜啊。他们到底喜欢什么，说得清楚吗？在哪里说清楚了？他们是怎么告诉我们的？现在各地都在谋划，这个产业重要，那个技术重要，或者哪个新模式重要。当然都重要，但最重要的是客户是谁。同样是新技术、新行业，有客户和没有客户，天上和地下之别。你是企业，选技术、选产业、选商业模式，都不能离开抓到客户。

我们今天的主题是“草灌乔”。其实无论哪些草根企业成长为灌木，哪些灌木出落成乔木，其共同点都是要靠客户的阳光雨露。问题是企业成长的不同阶段，或者不同类别的企业，“以客户为中心”也各有各的侧重点，值得企业管理者结合自己的实际情况，有针对性地关注和学习。

佛山企业“草灌乔”

下面就选几个我们今年看到的案例讲一讲。先看美的集团，毫无疑问，这是当今佛山企业界的参天大树。但是回溯过往，美的恰恰是从“小草”成长而来。1968 年，创办人何享健带领 23 人集资 5000 元起家，最早做汽水瓶盖。那算进入一个什么产业？这并不重要。重要的是，他们不断抓住变化着的市场机会，也就是能被这家草根企业抓住的客户，客户给企业机会，而企业不断满足客户需求，比别的企业更好地满足客户需求，这么一步一步走过来的。当时做汽水瓶盖，与今天成为一家科技集团，并不存在必然关系。能让小草长成参天乔木的，是不断抓住客户、不断满足更好客户的产品和服务能力。

所以在佛山，我们觉得美的集团做出的一个很大贡献，就是树立了一个现实榜样：办在街道里的生产组，也有机会长成世界性大企业。这也说明，与自然界不同，市场里的草根企业是可能长成乔木的。今天的我们不能只见“大树”，看不起“草根”，因为不知道哪一棵小草假以时日，也可能长成参天大树。当然，市场生态不断淘汰企业，生生死死是常态，但由草长成乔木的路线图，永远摆在每一家民营制造业企业面前。

2020 年的企业家大会上，小熊电器的董事长李一峰有过发言。为什么在家电树木早已成林的顺德，还能冒出成长很快的新公司？关键是小熊电器换一个视角看市场，发现了一批新客户。大家还记得李董事长的发言吧：小熊做的不是“家电”，而是“人电”！啥叫“人电”？就是不在家庭场景下使用的电器。时代变了，人们的生活、生产、从业方式也变了。今天有多少人“不在家”啊，他们在宿舍，在食堂，在军营，在路上。不是非有个家庭场景才需要煮鸡蛋，“个人”在集体宿舍里也要煮鸡蛋，也要做酸奶，也要摆个加湿器。小熊“人电”概念应运而生，由此发现一批新客户，开发一批新产品，打造一批新网红。

现在可不敢轻言“大树底下不长草”。今年我们在顺德北滘镇访问好的制冷设备有限公司，在厂门口看到的logo（标识）既像美的又像海尔，老总的愿景也是对标这两家知名企业。公司成立很晚，怎么开发新客户？他们是避开家电，专做商用冰柜，为大小城镇到处有的药店提供存放药品的阴凉柜，从这个角度切进市场，抓到客户。

德尔玛也在北滘镇，也是“大树”底下冒出来的新秀。创始人是80后蔡铁强。我们访问过这家企业，最早的“打法”也是运用互联网思维，抓住传统制造品的某些痛点，比如通常给加湿器加水，定要倒过来灌，再倒回来装入，否则就漏水。德尔玛进行针对性改进，可以直接从上面倒水，用这点就拿住了一批客户。加上电商营销，扩展出一批新产品。它甚至引起欧洲老牌企业飞利浦的注意，后者组团来考察，最后决定出售全球水净化业务。14个参加竞标的企业，德尔玛出价最低，但最后却中了标，因为德尔玛的综合能力吸引了飞利浦。现在德尔玛的订单多到做不过来。接过飞利浦品牌后，每年都把飞利浦的全球水净化业务做翻番，让飞利浦公司组团再次来考察。为什么同样的业务到中国的德尔玛手里就变得更厉害？这个故事很让人振奋。

可见“草灌乔”的生态演化在当下还在继续。美的集团也没有停止前进的脚步，她已经不把自己叫作家电企业了，而是一家新兴科技集团。其实企业要忠于的，并不是一种技术、一种产品或某一种产业，因为技术、产品和产业都会变，企业真正要忠于的是它有能力抓住的客户，在越来越广阔的市场里越来越好的客户。

客户的阳光并不普照

企业“草灌乔”都离不开客户的阳光雨露，但是客户的阳光并不普照，客户的雨露并不普降。我们在张槎针织园区里，访问过一位老人家——人称“矿叔”的谭明矿，他70多岁了，还跟员工一起打篮球，活力十足。他的企业也和园区里大多数公司一样，有待杀出一条新路。矿叔的女儿在澳大利亚，他去探亲时，听说现在有一种新式服装走俏市场，那就是瑜伽服。现在不少西方人练东方瑜伽，要穿一套瑜伽服。然后矿叔就分析已流行的瑜伽服，对其长处短处心中有数，回来后就开发了一款用上好料、定中等价位的瑜伽服，直接到亚马逊网站上卖。熬过初创无人问津的艰难期后，他的瑜伽服甚至一天能卖出几十件，接着他又到天猫开门店。

翔泰公司也在张槎做服饰，老总在香港制造业有过15年工作经历，所以他的视野和做企业的方法，与一直依赖中大市场、在本土打圈的其他针织企业有所不同。翔泰的路子就是做好品质服饰、冲高端市场客户而去，给世界知名的品牌公司做供应商。在他工厂的车间里，他如数家珍一般介绍形形色色的服装面料，讲述世界针织行业高端的都是哪些品牌，对面料和材料有什么样的要求。翔泰的经验证明，一家生在张槎的制造企业，完全有能力从供应链打入全球高端市场。

美嘉公司做陶瓷印花设备，也开在张槎，前前后后都是针织户。他们老总就想，既然公司产的设备能把花纹印到陶瓷上，是不是也能印到软的布和针织面料上？结果来回试验，成功了。他们把图像印到非常薄的布料上，极其漂亮，一道过去，要什么颜色有什么颜色，要什么花纹有什么花纹，还去掉印染环节，实现环境友好。

还有一家企业叫旌晨铝门窗，是在大沥镇铝型材产业集群里新长出来的公司。那里的建筑型材早都成就了大公司，旌晨做什么呢？专做门窗。但门窗也有很多人做，“卷”得也不轻。但他们专做活动门窗，因为房价高，家内空间总不尽如人意，所以他们生产可折叠的推拉门，就受一批客户的欢迎。老总和他的工程师们花了两年时间投入研发，凭着这么一股子劲头，非要研发出新产品去抓新客户。

访问南台精机公司，也给我们很大启发。这家公司不大，但对客户心理的认知来自老总自己早年的经历。当年他是正大集团的养鸡户，鸡苗是用纸箱装着到户的，结果因为纸板质量太差，纸箱塌陷，压死不少鸡苗。正是这个刺激，让他创业做纸箱，开始一天只能做600个纸箱，因为质量不错，供不应求。然后他们就研发出一台机器，现在还陈列在公司门口，展板说明上写道:“这可能是世界上第一台造纸箱的机器。”由此这家公司就走上生产纸箱及其配套装备之路。

上面这些故事告诉我们，公司不论大小，都是被客户带向事业新天地的。不过客户的阳光从不普照，不要以为有多少人口，每人平均有多少收入，有多少消费能力，就一定会把多少阳光雨露投到你所在的市场，投到你的企业里来。承受阳光雨露，要靠企业主动争取，企业底部得有根系，上部得有枝叶，才能抓住光合作用的机会，由草本成为灌木，再由灌木成为乔木，成就一个个产业集群，开枝散叶，开花结果。

最后，企业在市场生态里生存发展，提升能力，也不能全部靠内生的经验积累，还要注意利用外部专家的顾问服务。这方面，华兴玻璃公司的李深化董事长的意见，非常有见地。一方面，华兴非常重视外部顾问，在公司成长的不同阶段都非常系统地聘请专业服务公司帮助建设公司能力，在这方面舍得花钱、投入资源。另一方面，凡是希望外部顾问帮助解决的问题，公司老板和高管自己要下功夫学，并组织一个得力团队，对接外部顾问。他的认知是，两手都要硬，公司的能力建设才可能上轨道。这个意见，供在座各位参考。

细处求精益，宽处谋布局[①]

过去有一句话广为流行，叫“中国家，佛山造”。今天，你们提出“有家就有佛山造”，是一个了不起的变化，因为此处的“家”不一定只是中国的家，而是可以超出中国的、全球市场的。当然主要还是中国的，因为中国的家实在也足够多。不过今天的佛山制造，已经不仅仅满足中国家庭的需要，服务范围正在大幅度变宽。未来回头看，这个变化可能意义深远。

今年在佛山市工商联的领导下，我们这个研究团队调研了长三角、珠三角及佛山本土企业。大家白天参观访问，晚上复

① 本文为 2022 年 9 月作者在 2022 佛山市企业家日品质革命大会上的发言，后经作者修订。

盘讨论，收获满满。《南方日报》对此做了系统的报道，供佛山企业产业界参考。此外，我自己还去了一趟越南，看看出海到那里的几家佛山企业。现在利用这个机会，把今年调研得到的一些感悟与各位分享，不当之处，请大家批评。

“螺旋式上升”

去年我们汇报过佛山制造“草灌乔”。今年 5 月我们来佛山，先看的就是一批“草根”企业。它们体量小，实力弱，抗风险能力差。这批草根企业，如何在艰难的经济环境下生存下来？

张槎针织行业是佛山很大的一个传统行业，属于劳动密集型行业，是佛山制造的一个重要产业集群。5 月我们去的时候，用的是“扫楼法”，就是进一个园区把所有企业都跑到，看看有多少家还开着门。结果是百分之二三十的企业已经彻底关门，人去楼空；还没关门的企业，有一大半停产。剩下还有开工的，大圆机的开工率也仅有百分之二三十。这种情况，实在触目惊心。

挨家看的时候，有一家厂子的车间门开着，但里面没有人。敲办公室的门，发现老板在沙发上打瞌睡。我们问：“为什么不回家睡啊？”老板答：“万一来订单呢。”我们又问：“来订单有工人吗？”回答说：“工人都回家了。”“那没有工人，来订单怎么干？”老板解释：“厂子给回家的工人每月发几十块钱，约定但凡有订单，马上回来做。”

如此场景，你走过一趟，不容易忘记。这是最早最老的村级工业园，也曾是佛山制造的起点。不管后来多辉煌，当年佛山制造就在这样的基础上起家。这几年产业升级跟不上的，产能过剩的迹象早就明显——生产出来的货物大量堆在仓库和厂房里。货卖不出去，拿不到钱，但加工费要先付啊。撑不下去的只好关门大吉，所以园区里贴有不少催债的、搬家的、找下家转手的广告。老板们讲，过去情况再差，大圆机至少还能开一半，从来没遇上35台只开个七八台的！之后的订单究竟还有多少，不好说。这是近年最严峻的市场形势。

怎么对付才好？到东莞对标一家老牌钟表企业，给我们启发。这家公司叫得利，1978年创办于香港，后移来东莞。我们访学团中有一位企业家问：“市场很不好时，你们靠什么熬过来？”得利的刘总回答：“得利40多年的发展，就是螺旋式发展，而不是直线向上的。”他说，20世纪80年代，得利的手表就在广州的百货商店销售；1996年，得利在香港上市，在内地铺了几百家门店。但是没几年，到2001年，上市公司那个壳都被卖掉了，460家专卖店全部被转手出去。经历过几上几下，痛定思痛，得出教训，才懂得向死而生，活下来最重要。

旁听一次次企业经历的危机，我就想到达利欧写的那本《原则》。达利欧做全球投资，对应对重大风险积累了大量经验，也下功夫做深入研究。他的书里有一张图，跟得利刘总讲的道理是一样的，那就是公司、产业和经济都是螺旋式上升的。

何谓螺旋式上升？企业有目标，根据目标布局，然后有个冲上去的势头。但不会一直向上冲，可能遭遇挫折，一个弯打回来，无论是因为宏观形势、产业形势还是区域市场形势，都可能发生重大逆转，企业想继续冲也冲不上去，多半跟着大势掉下来，很多公司就此消失，再也不见了，就像我们在张槎看到的那样。公司创办时，不是没有理想、没有愿景，也不是没有过辉煌，但大势下行，好多企业就“自由落体”般地消失了。其中会有一些企业，在下落过程中活了下来，在极其困难的环境下存活下来，等下一波市场形势来临，再扭头冲上去。

《原则》不是象牙塔里的纯学术著作，它以实战经验为基础，再加上精准的提炼，对我们理解当前的局势很有帮助。当前就是非常大的一个下拐趋势，情况还可能加剧，因为相当一批工人回家，没有收入，他们的消费能力相应收缩，预期变坏，加到一起就需求紧缩，导致产品就更难卖。在这样的当口，企业要在下行的大势里活下去，避免“自由落体”的厄运，除了企业家求生求存的意愿和意志，还需要什么？我们看到的经验，就是还要讲究方法。

细处求精益

今年 5 月来佛山之前，我们调研团队先去了一趟长三角的宁波，重访两年前访问过的宁波公牛集团。大家当时对公牛印象很深：一家民营制造企业，产品主要是插座，似乎并没有很深的科技护城河，却能够做到年营收 70 亿元，毛利率高达 50%~60%。今年我们听说公牛的成功故事背后，还有一件上次没有细说的秘密武器，所以重新登门讨教。什么秘密武器呢？那就是“丹纳赫精益管理”。

丹纳赫是一家创建于美国蒙大拿州的公司，在美国工业化进程中，发现制造业企业最大的潜力就在自己的车间里，就在自己的公司里。因为无数的工业浪费被看作无法改变的“自然”，人们习以为常，熟视无睹，好似传统农业面对的天气和地理环境，想改变也没有办法。但是制造业，特别是现代制造业，是一种在人造环境里的生产方式，一切都可改进，每个环节都有办法减少以至消灭浪费，让生产流程不断改善优化。

丹纳赫首先定义何为“浪费”。他们的理念是，要从客户的角度看问题：你的公司或工厂有没有浪费，要问生产过程里的哪些耗费是客户不愿意接受的。凡是客户不愿意接受的耗费，都是浪费！然后就想办法把这些浪费，从生产过程、经营过程、投资过程、研发过程中不断消除。为此，他们发明了一套管理工具，发现浪费并消除浪费。

当年这家美国公司就是用这套办法，先评估哪些工厂有改善潜力，然后收购之，再以控股股东或大股东身份，精益化一家又一家工厂，显著提升这些工厂的毛利率，降低不良率，提高交货率，结果就是大幅度提高公司利润，再将这些公司放进资本市场，通过资本市场获取更大的精益化效益。

托中国开放之福，一批中国留学生在海外毕业后进入丹纳赫，也用丹纳赫法帮助中国制造业客户实现精益化。再后来，几位个中高手创建“领誉”品牌，专为中国制造业企业提供精益化咨询服务。公牛集团则是领誉的第一批客户之一，尝试在日式精益管理基础上再实施“美-中式”精益管理。

公牛运用丹纳赫模式的一条主要经验就是，不是靠外部专家来“改造”自己公司，而是吸收消化丹纳赫的理念、方法和工具，培养公司内自己的丹纳赫专家来实现一轮又一轮精益化。我们去参观的时候，每个车间、每个经营环节，包括研发，都由公牛自己的工人、班组长、车间主任或公司高管现场讲解，怎么以客户的眼光来打量公司、工厂和车间，怎么发现浪费，怎么在工具箱里选用合适的工具来消除浪费，更针对公牛生产流程的实际需要，开发新的精益化工具。此模式最厉害的地方，就是把“以客户为中心”落实到工厂和公司的日常工作流程之中，把精益化做到极致。

我们所有到现场参观学习的人，都觉得很受启发。佛山市工商联后来把领誉的卢英老师请到佛山来讲精益法，她说，“精”就是精简和去除，“益”就是永远没有完，可以随着认知、技术和环境的变化不断地做下去。她还介绍说，公牛集团已将精益化做到第七轮，公牛的工人、车间主任、经理、老总都是精益专家，公司每年还有一个“总裁精益改善周”。

这个经验对佛山制造业大有启发。换位站在客户的角度看，走进工厂，非要这么大的车间吗？非要这么长的流水线吗？非要设这么多工位吗？非要如此布局吗？非要做这么多动作吗？……凡不是客户愿意付费的，都可以想办法省掉，可以从丹纳赫工具箱里选，更可以自创新工具。特别有意思的是，这套方法把丰田精益化生产线扩展到公司所有业务，连研发、后勤甚至派车都可以做精益化改善。

佛山可是有100多万个市场经营主体，几十万家企业，如果每个经营主体、每家企业都用精益化理念，都不断想办法把客户不愿意花钱的开支省下来，那么同样过寒冬，就可能比别人多件防寒衣，多口救命粮，也就多一点活下去的机会。这件事情，决策权就在企业手里，与宏观形势无关，与政策无关，与市场竞争态势也无关，老总想明白了就可以干。当然，大公司像美的、公牛、华兴玻璃，可以请高端咨询机构提供服务，但小公司、小企业怎么办？这个问题要解决。刚才市长讲到要积极行动，打造佛山的“场”效应，其中一个重点，就是怎么把生产性服务变成一种适合“草灌乔”各类企业的服务体系。

公牛集团自己尝到精益化的甜头，还通过创办企业的丹纳赫大学培养丹纳赫精益化人才，为其他制造业企业提供服务。美的集团也培养出一批精益化工程师，蓝带、黑带级别的，扩展服务到“草灌乔”企业生态系统来。持之以恒，这个地方企业的存活率就可能高出其他地方一头。

今年可以跟大家分享的公牛经验，就是精益化这套功夫并不分好时候、坏时候；只要企业还活着，一息尚存，就要天天练，全员练。大家看现在中国人锻炼身体，越来越普遍，越来越自觉，早晨有晨练，晚上有广场舞。不要小看这些活动，对人均预期寿命的提高大有帮助。其中的哲理，就是生病、灾难和死亡总不可避免，为什么还要天天练，活着就要练？因为只有坚持练，才可能提高在种种意外冲击下的存活率。

宽处谋布局

围棋书里有这么一句，叫“善阵者不战”。意思是布阵做好了，不等开打就已经赢了。当然还有第二句，叫“善战者不败”，就是会打的不会输。最后一句，“善败者不乱”，即使败也不是溃败，而是有序撤退，找机会卷土重来。下面就讲这第一句，企业如何善于布局，早早化险为夷。

在调研当中我们发现，虽然经济大势极其严峻，但总有一些企业过得还不错，不单单是活下去没问题，还能逆势增长。这些公司一定有过人之处。其中很重要的一点，就是它先前做的企业布局被市场证明有远见。这里所谓布局，也是一种资源配置，只不过是加上时空维度的资源配置——企业现在做什么，以后做什么，5 年、10 年后做什么？今天你的客户是谁，以后要争取让谁成为你的客户，以及他们在哪里？这些事情是要谋的。

我们先来看科达，公司董事长边程对我们介绍的重点就是布局。他说：“你不能老在国内这么‘杀’下去，杀到最后大家的利润都是零。”科达好多年前就认定，不能总在利润这么低的国内市场硬拼，要开拓新市场。

当然也讲机缘。科达做陶机，怎么开发新市场？正好广州森大贸易公司找上门。森大做国际贸易多年，对全球形势变动比较敏感，他们发现非洲有十三四亿人，每年进口瓷砖就要花费 10 亿美元。远程运过去售价当然不低，如果到当地制造，需求量岂不是更加可观？所以森大老总问边程，能不能购置陶机进非洲生产。边程回应，卖设备给你当然没问题，但当地人会调试吗，你会培训本地员工吗？两家商讨的结论是，联手到非洲市场做制造业投资。这是多少年前做的布局，今天收到了成效。

所以我们访学对标企业，不能只羡慕人家今天多辉煌，要问一问现在的辉煌是从哪里来的，与早前的布局有什么关系。回头看，科达的布局超越了“中国家，佛山造”，成为“非洲家可由佛山企业出海造”。“佛山造”一定只在佛山行政区划以内造吗？不一定。新客户在哪里，可以靠近新客户去造，可以是佛山企业、佛山技术、佛山管理、佛山资本，结合起来到最合适的地方去制造。如果不是提前布局，这样的局面是不会出现的。

美的的全球布局更是早早就开始了。据美的集团海外副总王建国和他同事的介绍，美的公司3400亿元的年营收，其中1300亿元来自外销出口，占38%强；在全部外销产品中，则有250亿元是在海外生产的，占外销总量的19.2%。美的已经开启一个新战略，从“中国生产供应全球”转向“区域供区域”。换言之，他们的目标就是外销的产品将更多在海外生产。目前美的在全球10多个国家有20多个工厂，今年计划新增5个厂，全球工人总数达4万。

如此全球布局，是美的主动选择的结果。很多年前，创始人何享健就说过：“不与同行争天下，走出国门闯世界。”我们今天看到的局面，是多少年前布局之果。

还有一家企业叫东方精工，从一开始，其产品定位就是智能设备瓦楞机。在我们这个制造业大国，多少产品需要包装、运输啊，纸板盒制造是一个超大产业。东方精工今天已经打到全球前几位，怎么打上去的呢？这家瓦楞设备生产企业在 3 亿元销售额规模的时候，就果断收购一个 10 亿元销售额的意大利公司，成为行业内全球第二名，第一名是德国的，第三名则是美国的，与全球强手为伍。

2009 年前后，东方精工又收购了苏州百盛，做船外机，也属精工制造。为什么要从瓦楞制造跳到船外机领域？这件事情取决于布局，而布局的前提是看势。在一个品类制造很厉害，但还会一直厉害下去吗？还会一直这么超大批量制造，超大批量往全球出口吗？要有客户，还要有更好的客户。正如刚才边程董事长讲的，很多下游客户这几年的需求降下来了，多种因素叠加，大趋势、大周期有时对工业制造打击特别大。那么企业能不能布一个局，做新兴业务，而这个新业务在技术、管理等方面又和以前的老业务相通？制造设备和制造船外机都是精密制造，所以东方精工跨出这一步，过几年回头看，还真是未雨绸缪，提前对冲了单一产业大势的下行。这可不是运气好而已，是企业家对趋势性变化很敏感，早警觉，早构想，早落子，走着走着就能看到提前布局的重要性。

改革开放40多年，最大好处是拓宽了企业家们的视野。以前不少老板以为“天下”就够大了，其实世界比“天下”还要大。打开眼界，拿着世界地图考虑布局，没有什么力量非说中国草根民营企业就不可以。

我们调研万和公司，经验如出一辙。“中国家，佛山造”，很大程度与热水器的普及紧密相关。我上山下乡在东北黑龙江，哪有在家里洗热水澡一说？在那种啥都短缺的状况下，制造热水器怎么会不受欢迎？中国人从低收入水平往上走，谁家不要热水器？但是几年十几年光景，短缺变成过剩，因为追兵四起，产品普及，蓝海变身红海一片。制造商怎么继续发展？万和董事长讲，我们造热水器在技术上没问题了，但同样的产品，只要贴上欧洲的牌子，每台差价就达到1000元。下一个问题是品质和品牌，于是万和就跟德国公司合作，到德国市场去试试升维打击。

万和和德国客户讨论，俄乌冲突发生以来，欧洲天然气价格涨了多少。要知道，能源价格上涨10倍会带出多少替代品的市场需求啊！所以现在中国所有电器设备进入欧洲会形成一个销量的峰值，因为欧洲需要更节能的产品，好比当年省油的日本汽车大举进入石油危机后的美国市场一样。万和的布局，正合其时。

乐普达给人的印象也很深。这家公司不大，但是发展势头很好。它原来是本地民营草根企业，重视技术，做事用心，又非常看重布局。起初做电机给美的供货，后来为整个家电行业供货。但房地产行业起伏，家电行业受影响比较大。他们就研究自己的电机技术，虽然做的都是小产品，但许多行业都离不开，不光空调离不开，汽车也离不开，所以乐普达就主动往汽车、新能源方向转，找新客户，开发新产品。这就是布局，不光看当下，还要判未来。公司愿景是“树行业标杆，做精品电机”，但愿景还不是布局。布局是实现愿景的部署。资源怎么放，研发选什么题目，下一个客户在哪里，怎么对新客户有吸引力，这些都是布局问题。不能只想想而已，要落子，落了子才知道前后左右的变化，才可能适应新局面。

过去几年，我们多次拜访伊之密，每次都有新收获。今年再去，公司已搬到新场所，有了全新架构，造了世界上最大的一台注塑机。我们请教，在目前不确定性的冲击下，企业如何确保供应链安全可靠？采购经理给我们讲，公司每年的零配件采购额约为 23 亿元，其中 3.5 亿元是从海外采购，而企业采购额要占到销售额的 50%~60%。这是现代制造的一个特点，高度依赖供应链。当疫情、防控、贸易战、俄乌冲突等把来来往往的世界秩序打个七零八落时，企业怎样管理供应链，怎样确保采购？他们的回答是，哭也没有用，大变局不相信眼泪。他们的应对之道，是多采购一些存起来备用，宁愿在财务上付些代价，也要确保生产连续。但更有效的应对，是主动出去寻找替代品，主动摆脱当年平和环境里的采购惯性。时局大变，新的替代供应也层出不穷，最后就是改变技术选择，选到可替代的零部件。总之，制造企业要扩充供应链替代的范围、品类和空间。

嘉腾董事长陈友问：要不要在美国设个工厂？他们跟欧洲客户的关系很好。后来发现，美国市场机会更多。那里的品牌壁垒高，但业界做生意很务实，“你摸到几个客户，只要他用上你的产品，6 个月到 1 年时间，真是好产品，他就真认可”。但中美关系不好，政客们天天声称“脱钩”。恐怕要冷静分析一下，嘉腾的产品既不涉密，也不敏感。另外，说“脱钩”也不可能一下子全脱，有的时候是这头脱那头钩，你中有我，我中有你。嘉腾就以客户为判据，只要客户牢靠，就到当地设厂。

前几年流行说“互联网思维”，但究竟什么才是互联网思维？1968 年，美国立项研发互联网，出发点就是考虑如何保证战时通信系统畅通。互联网的构思就是网络式连接，打掉任何一个节点，立马通过其他节点重新连接，这是创立互联网的思路。我觉得，现在是发扬互联网思维的好时机，任何商业来来往往，“东方不亮西方亮”，水路不通走旱路。无论产业、零部件、采购商、供应链还是客户，断了任何节点也要尽力通过其他节点再建连接。经济的韧性，源于商业契约网络的韧性。

总之，正如美的海外业务老总王建国所说，“用布局来应对不确定”。其实不仅是大公司才有这个问题，“草灌乔”都要主动看形势，谋布局。大公司还不是从小企业来的？美的最早做汽水瓶盖起家，还不是草根吗？为什么有的小公司做成了大公司？其中很重要的一点经验，就是到市场的宽处谋布局。

“出海”到全球

《南方日报》今年的调查重点提到了“出海”。佛山企业在不经意间开始走向全球市场布局，刚才市长的发言也肯定了这一点，认为这是佛山未来发展中值得关注的一个动向。

中国制造业的发展经验，就有助于我们理解出海的逻辑。最早，我们作为后发经济体，很多工业品都不会造，要通过开放引进。譬如瑞士钟表从瑞士造转为香港造，又从香港造转为东莞造。再往前追溯，工业革命在英国率先发生，也是英国最早卖产品到全球，但再进一步发展，不但产品从英国出口，制造能力也从英国出海，工业革命浪潮席卷世界，一个又一个经济体实现工业化。

边程董事长用一句话点破了：先行国家造出来的产品太贵

了，后发经济体的消费者常常买不起。受此制约，工业国扩展市场就遇到问题，因为后发国家仅仅搞传统农业和手工业，收入过低，买不起多少工业化产品。万和早年创业主打的产品是点火枪，当时从日本进口，每个 100 元人民币，有多少人买得起？边程董事长分享的那块瓷砖，非洲人一个月的收入才够买几块？买不起，市场就不大。但是买不起不等于那里的消费者就不想用，点火枪也好，瓷砖也好，热水器也好，买不起贵的，能不能生产些便宜的？后发经济体总可以找到替代，比如用当地低收入的劳动力，从模仿入手，实现初级工业化，生产出本地市场能够消化的点火枪、瓷砖、热水器。这就是工业转移的逻辑。而且，这个逻辑并不是走到某一个国家就算到了头。

今年来佛山之前，我还去长三角访问了申洲国际。虽然申洲国际跟张槎做的是一类产品，但申洲国际是为全球运动服饰大品牌代工，即创意、品牌和市场都是国际公司的，但由申洲国际制造，类似电子产业的富士康。我们在访问时得知，早在 2014 年，申洲国际就到越南设厂。问为什么出海，回答是客户的要求。其实当时在宁波北仑区的生产基地好好的，接多少单也可以保质保量完成，但客户坚持，所以申洲国际就到越南开设了第一家海外工厂。回头看，出海布局生死攸关。因为后来疫情封控，接单交付难以履约，幸亏有越南工厂补上短板。

他们老总事后总结，面对大变局之不确定，“跨度大的布局实在非常有必要”。

我去越南看出海项目，第一站去的就是申洲国际在胡志明市附近的工厂。当地的周总介绍，几年时间，申洲国际在越南工厂的规模已经大过国内工厂，有几万名越南工人的厂区、研发中心、配套供应链以及后勤保障基地，建得漂漂亮亮，管得井井有条，让人回想早年在华外资企业的风貌。

“出海”当然绝不会一帆风顺，种种挑战是民企在国内草创时都没有遭遇过的。更早在越南布局的美的工厂，甚至还赶上 2014 年那场暴乱，幸亏一位越南的保洁工把暴徒支走，否则出海办厂真要付出生命的代价。

正如刚刚边程所说，你帮助人家，其实就是帮助自己。如果那些更后发经济体没有工业化的机会，当地人民靠传统农业、手工业和地摊商业挣得收入，怎么有能力消费中国制造的工业品？我们自己的经验还不是一样的？如果长三角永远只是鱼米之乡，珠三角永远只是桑基鱼塘，中国能不能成为全球大市场？所以今天民企制造业出海，也要把我们自己工业化带动的高速增长经验分享出去，就像倒带看电影，再次感知历史经验里经济逻辑的力量。

在历史名镇虎门，我们参观了太平手袋厂陈列馆。据陈列说明，这是 20 世纪 70 年代末由香港企业家到内地办的首家“三来一补”工厂。香港这位企业家，一直做名牌手袋生意，听说内地开放，找上门来试试新机会。他带来两个手袋，给出的条件是，如果次日早上照样做出这两只手袋，他就按照当时中国政府已出台的政策，提供设备、技术、材料并负责销售，让太平手袋厂专做外销高档手袋。太平厂挑选出两名最能干的女工，奋战一通宵，就做出她们从没见过，更没生产过的产品。陈列资料还提供了引发当时“小城轰动”的一个细节：这家虎门镇街道小厂的工人平均月薪，从过去的 20~40 元急升为 100~120 元！

其实这也是出海，只不过是企业家、市场、技术、设备和管理方法从香港到内地来。再追溯上去，中国是在近代落伍的发展中国家，工业化的关键元素从日本到东北，从苏联到中国，从西欧、北美来到开放的中国。因为全球范围的工业化，中国本土劳动力才得以从传统农业转向工业和现代制造业，大幅度提高收入，才造就一个有能力吸收更多商品的大市场。

在越南、柬埔寨、埃及和土耳其，看了多个出海项目后，我们很受鼓舞。在越南一个新建的车间，我抓拍到一名戴斗笠的越南女工，她急走向机器准备开工。这不就是农民工吗？她们讲到的问题是，一到农忙季节，工厂必须放假让工人回家割水稻。如此农村工业化的场景，中国还不是这样走过来的？

各国有各国的国情，但经济逻辑普遍适用。我们这次在佛山走访企业，有一家叫哈士奇，做特色功能冰箱的。名字很洋气，公司更洋气——人家干脆就是北欧芬兰的公司，产品一直销往欧洲高端市场。业务起来后，他们也进行全球布局，2009年到顺德办厂，因为此地有比欧洲更有成本竞争力的工人。来到中国以后，他们发现此地也有他们产品的市场，这里不但是制造洼地，也是潜在的市场高地。再过几年，北欧创业老板年事已高，要退休，但儿女又不愿接管公司，最后老板让中国员工买下公司股份，公司就成为一家在中国与欧洲都有客户的中国公司。从全球看，“出海”也是来来回回的，路径和类型丰富多样。

最后总结一下。当下经济形势，对向死而生的民企来讲，免不了苦撑苦熬。不过从对标企业的经验里得到的启发是，但凡公司还开着，精益化管理就须臾不可或缺。要从客户角度打量公司、工厂、车间和流程，不断发现在我们眼皮子底下天天发生的浪费，减少浪费，消除浪费。这套以客户为中心的精益化管理，能帮助各类企业把省下来的资源用在刀口上，用在关键时刻，提升公司存活率。

现状好的企业，未雨绸缪也很重要。对标好公司，相信越是大变局，越有新机会，由此不断提升观局布阵的企业家决策能力。

今年的企业考察，虽然困难多多，但我们还是觉得收获满满。概括起来就是两句话，一是在细处求精益，二是到宽处谋布局。佛山各类民企各有各的精益化潜力可挖，也各有各的局可谋。让我们大家共同努力，在更广阔的市场里实现“有家就有佛山造”。

第五章 师友同道

纪念沈祖伦

春季学期刚开始，传来沈祖伦去世的消息。讣告说，这位20世纪80年代曾任职浙江的省长，“享年92岁”。可是在自己的记忆里，沈祖伦永远定格于那个改革年代，定格于一个年富力强、质朴开朗、敢干能干的地方大员。

机缘巧合，因为杜老[①]从来重视基层和地方经验，所以在他领导下，就多些机会认识地方农口领导。印象里至今挥之不去的，有广东杜瑞芝、山西霍泛、安徽王郁昭，到了浙江，就

① 杜润生（1913—2015），农村改革重大决策参与者，被誉为“中国农村改革之父”。作者于20世纪80年代曾在杜润生领导下从事农村改革发展调查研究工作。——编者注

是沈祖伦。

众所周知，最早逼出农村改革的都是穷地方，因此最早包产到户改革的地方经验，也多出自安徽、贵州、甘肃、内蒙古等地的穷村穷队，少有发达地区什么事。但是 1982 年包产到户在全国基本推开之后，下一步农村发展的路子怎么走，广东和浙江等经济活跃地区的经验就越来越重要，我们到沿海访问调查的机会也越来越多。

应该是 1984 年，杜老要到浙江去走一走。在省城杭州，向杜老介绍全省农村改革发展情况的，就是沈祖伦。但见他手边带了个小本本，却一次也没翻开看，就把浙江农村经济的轮廓勾画得清清楚楚。杜老是有名的善听善问，但不管他老人家问到哪个层次，都难不倒这位汇报人。毕竟当过多年县委书记，“生产大队长”的美誉可不是随便得来的。

那一趟浙江行，金华、温州、台州、宁波、舟山、绍兴，一路上的题目就是温饱之后的下一步，杜老不断验证、推敲的也是沈祖伦介绍的浙江经验：举凡农产品、多种经营、社队企业，不管哪样，都只有经过市场才能变现，才能成为农民收入。下一步的关键，不是别的，就是“搞市场”。是年岁末的全国农村工作会议，讨论 1985 年中央 1 号文件，杜老报告的主题就是农民温饱后大力发展市场。

其他好办，无非有买有卖就成市。但粮食市场化之路却处处带着“高压电”。追根究底，实行粮食统购统销体制几十年，粮食的商品属性基本消失，围绕粮食购销的渠道、设施、主体和价格形成机制，统统由政府包办，粮食生产压任务，粮食销售凭票证，岂是一个口号就能化出一个市场来的？但是不改革又不成，粮食靠行政权力配置，“发育城乡要素市场，更有效配置资源”就是一句空话，后面的工业化和城市化就没有大戏好唱。这样看，粮改成为“搞市场”的一块硬核。

1984 年出现的“卖粮难”，是包产到户激发农民积极性与国家提高粮食收购价格的共同结果。机不可失，国家决定启动粮改，一是减少国家计划收购粮食的总量，扩大计划外粮食流通量，二是改粮食统购制为“合同制”。那时每年一度农村工作会议，有中央领导同志与地方省市领导沟通对话的安排。记得会上讲了粮改思路，也谈到因为缺乏经验，“合同制”如何搞还要摸索。但见此时，会场里站起来一个人，大声请缨：“我们浙江愿意先试！”全会场看过去，此公就是沈祖伦。

那幅场景，连同那口带浙江口音的普通话，从此就深深印入脑海。多少年后，我还是把这幅场景，记作 80 年代改革的一个标志性图像。当然那次粮改并不顺利，原因之一是粮食产区省份宁可按超额收购价把粮食“上缴”国家——从中发生大额财政补贴——也还不习惯按照与销区的“合同”出售粮食。“合同”怎么定价呢？倘若预定低了，来年粮价大涨，产区岂不吃亏？预定高了，销区多花冤枉钱。犹豫之间，粮食购销合同签订的进度很慢，销区——多半是经济发达省市——先坐不住了，明年拿什么供应市场？政府的反应也很快，宣布“粮食合同也是国家计划”，毕竟无粮不稳的日子没法过。后来的粮改如何一波三折过的关，那是另一个故事了。

再一次见沈祖伦，是1989年5月4日，地点是浙江省人民政府里的一间会议室。那时，中共中央前总书记胡耀邦先生逝世，让改革中积攒的矛盾找到一个爆发口，北京变得不消停。我记不得在哪里看过一篇刘心武的小说，记下其中一句，“小乱进城，大乱下乡”，相信泡在上层建筑里，反而认不清大变局。当时我刚结束在温州的访问调查，沈祖伦约我去讲讲见闻，他那时已经是浙江省省长，很关心底下的情况。

坐定下来，沈省长关心温州情况，我就一一汇报去过哪几个地方，见过哪些人，看到了什么、听到了什么。讲得比较多的，就是底下担心政策要变，好几个企业主把本来要投资设备的钱抽回，在烂泥塘一样的路边盖多层民宅。我看过几户，一共没几口人，多层小楼的每间房子都空空荡荡的。“盖民居就不怕政策变吗？”我答好一点，老乡说除了58年的“共产风”，政府一般不动民宅。沈祖伦仔细听，但没有讲话。和杜老一样，这位省长也善听。

2008年7月18日，杜老95岁生日，又恰逢改革开放30

周年，原中央农研室老人聚会，回顾改革历程，畅谈感悟。席间沈祖伦有一篇发言，发自肺腑，感人至深。还是那口带浙江口音的普通话，还是在温和语态中透出思想的坚定。他的发言，让在座旁听的我等后辈受教良多。

——他先问后答。“改革的动力来自哪里？这个问题从农村改革看得很清楚。我们不是为改革而改革。而是看到农民的苦难，知道在当年实行的一系列农村政策下面，老百姓的日子不好过，不改革不行。”

——他以自己为例。“1977 年，浙江省委派我到绍兴主持县委工作。这年冬天，全县年终分配报表汇总，我听了心情非常沉重。基本核算单位人均年净收入 84.2 元人民币。扣除口粮、柴草等实物分配和平时预支，一个农户分不到什么东西，许多户要倒挂。社员一年辛劳盼年终分配，原来是这么一个结果！”

——他反省。“我心里愧疚，觉得对不起老百姓。我们党领导人民打天下，暴力夺取政权，一切资源都控制在我们手中，一切由我们说了算。农民除锄头、铁耙是自己的，什么生产资料都没有，也基本上没有什么自由。‘磨洋工’也要天天出工，出远门要经过干部批准。那么，既把一切资源垄断在我们手里，搞得好也罢了，但是结果老百姓日子不太好过。那还是江南鱼米之乡，全国集体经济搞得比较好的地方尚且如此，怎么不令人深思？”

——他坦陈观念转变。“我们原来都是维护集体经济、公有制立场很坚定的，为什么后来投身改革？就是这么来的。因为知道老百姓苦，为了让农民从苦难中摆脱出来，不怕与传统农村政策相违逆，不怕去探索当时上级不允许做的事，不怕丢‘乌纱帽’。”

——他也针砭时弊。“我们的干部，特别是我们指望去推动改革的各级领导层，他们中相当一部分人对于改革的动力和热情不如那个时期。”“我看今天改革的领导问题，首先就是改革的动力和领导对于改革的热情问题。”

——他大声疾呼。“从中央以至各级领导，要多深入下层，到第一线，了解老百姓的困苦情形和要求。同时健全社会各种群体，尤其是弱势群体的利益表达机制，使之能顺畅地反映群众的利益诉求，进一步从人民群众中吸取改革的原动力。”

2008 年至今，又过去了 15 年，沈老的话在今天听来，还是那样掷地有声。也许正是不容易再听此言，不容易再遇此公，人们才格外珍惜改革年代里出过沈祖伦这样的官、出过沈祖伦这样的人，人们才格外纪念沈祖伦，要把他的音容笑貌格外长久地留在心间。

2023 年 8 月 28 日修订

谦谦君子巫和懋

很早认识巫和懋，记不得见面场景，但第一印象深刻：他是一位谦谦君子。君子坦坦荡荡，有独立人格，有自己坚守的价值观与行为准则，但向来不强人所难，也不会拒绝从他人之见里吸取营养。后来他来北京大学CCER（中国经济研究中心）任教，相处机会多了，让我知道巫老师不但为人正直、谦逊，待人真诚、友善、温和，而且极有担当。

2008年，北大CCER改名为国家发展研究院，首倡此举的林毅夫，偏又被世界银行聘为高级副行长兼首席经济学家，要远赴华盛顿就职。对于CCER这类不是由官方自上而下组建的机构，创始人至关重要。可是到了那个当口，另外几位主要发起人，易纲去央行管货币政策，海闻去深圳创办北大汇丰商学院，维迎被厉老师招去主持光华管理学院，谁也不能分身回来顶林毅夫的缺。

不知道老林怎么考虑的，非要我出任院长。老林名字里有个“毅”字，“士不可以不弘毅”，谁都拗不过他。我努力了，也拗不过。院里定人事，要向教授会和学校提名副院长候选人，问到我的意见，就按测评排序来吧。老林赞成，程序通过，首届国发院班子组成，巫老师是排名第一的常务副院长。

成员志同道合的组织，内耗低，但资源缺乏体制保障。CCER刚成立时，朗润园复建，就是老林从港台企业家那里募款搞起来的。后来学校又划出承泽园作为国发院未来的办公场所。虽然时任国家发展改革委副主任杜鹰鼎力支持，但需要院里自筹的部分还是一笔巨款。巫老师自告奋勇，找到台塑集团王永庆先生，陈述项目意义，说动对方有了捐助意向。不过大财团自有其内部复杂流程，其间反反复复，考验书生化缘的恒心与耐力。最后修得正果，承泽园项目第一笔社会捐款 300 万美元（约 2000 万元人民币），是谦谦君子巫老师募来的。

让我最为感佩的，是巫老师担纲帮助了一批延期博士生。有 20 多名攻读博士学位的同学考试没问题，但做论文时卡住了，一再延期还是交不了卷。巫老师尊重同学也尊重他们的指导老师，但他认为，别人遇到困难的时候应该尽力提供帮助。

整整两年，他每周和延期博士生开组会，一篇篇论文，一个个同学，悉数有针对性地讨论、答疑、切磋、指导。巫老师是斯坦福大学经济学博士，诺奖得主肯尼斯·阿罗的学生，出道后在美国和中国多家名校任教，自己学术做得好，指导同学论文的经验丰富。最难得的是，他循循善诱，有教无类，不论学生处何种状况，他一律信心满满，激发大家攻坚克难。其间每次院务会，听他神采飞扬报告又有几名同学论文通过了，是最开心的时光。后来延期博士生全部毕业，谦谦君子巫老师为人师表的责任担当，功德无量。

国发院那时实行CCER老体制，即“教授会领导下的院长负责制”。所有重大事项都经由全体老师充分讨论，达成共识的由院长们去办；达不成的，搁置到下次讨论明白再说。诸事之中，比较敏感的一是职称评定，一是招聘新人。巫老师主事很有章法：凡教授会决定的，尽最大努力去办成；没定的，绝不做任何变通。记得有海归青年才俊，教授会同意招徕，但怎么也谈不拢应聘条件。巫老师不厌其烦，一轮又一轮。问他为什么不放手，他说教授会好不容易有一致意见，尽可能办成才对。

2010年我被确诊高血压，旁证根本不合适担任行政职务。与大源商量，可否请学校任巫老师代行院长职务。一圈转下来，说不可行。我坚持要学校发文，明确巫和懋教授主持国发院日常工作。这么说吧，国发院挂名首届院长的是我，但所有工作都是主持院务的巫老师，与胡大源、卢锋他们几位副院长领着大家做的。

巫老师学问好。有一次闲聊，我问，家庭主妇到街市买菜，要是价格上涨，她买的量可能减少，这位主妇与谁在博弈呢？巫老师随口作答：价格上涨必有别人在行动，所以这位主妇一定是在与其他行为主体的互动中决策并行动，并非孤立做理性抉择。很享受吧，巫老师轻轻松松给我上了一课，博弈论之基是一切尽收眼底的一般均衡理论。

有句老话叫“以人为镜”。结识巫老师这样的良师益友，仿佛有面镜子照到自己，让你默默自省为人为学的差距。三年前巫老师得了重病，很为他担心。去年秋冬，在访问制造业出海项目途中，有几天在香港等签证，突动一念：何不到台湾转转，顺便看望巫老师？不料打听下来，现在持大陆护照根本进不了台湾。人生不如意之事，常常不止十之八九！

噩耗终究无情传来。我给巫老师夫人发信，告知此次无法前往送别，将来可去之时，再到他墓前，向老同事、老朋友、永远的谦谦君子巫老师鞠躬。

2024 年 5 月

为煜全序[①]

做科技风险投资的朋友，我认识几位，其中一位是王煜全。几年前，我与其他老师同学一起参加他和薛兆丰组织的“积木式创新访学团”，从硅谷转到麻省理工，一路听他讲解，也实地参观他参与投资的科技项目，收获不小。事后复盘，脑子里刻下最深的道道，就是煜全身为高科技风险投资人，但对中国制造业的评价之高，几乎无人可出其右。

我自己是从农村和农民角度认识中国制造业的。回想恢复高考后刚入大学读经济，遇到的头等问题就是“十亿人口，八

① 本文为作者为王煜全著作《中国优势》所作的推荐序。

亿农民”。说中国农民多吧，可还有好多年粮食不够吃。等到农村改革一起，粮食算够了，农村剩余劳动力的压力山大，哪里能吸纳数亿原来“藏在”农村里的劳动力呢？那时的现实情况是，农业不需要那么多劳动力，国有工业又没有那么大的胃口招工。在国民收入偏低的约束下，城市服务业也指望不上。

要吸收巨量剩余劳动力，一缺资本，二缺技术，三缺市场。邓小平的开放方针一举打开了中国劳动力利用全球资本、技术和市场的大门。实践证明，把劳动力与全球资本、技术以及市场结合得最成功的天下第一大板块，正是中国制造业。倘若没有惊人庞大的制造业，那教科书上所谓的“刘易斯拐点”，怕是猴年马月也到不了中国吧？

由此认知，我们对中国制造业从来一律点赞。不是不知道缺点和弱点：小散乱，技术水平参差不齐，产品质量低，环境压力大，仿制能力强过原创，等等。当然知道，但不看僧面看佛面，能解决数亿农民工就业问题，能帮助中国农民脱贫，毛病和缺陷就是有，也可以慢慢改善。学习曲线总归向上，假以时日，总是中国经济的巨大支撑。

煜全走的完全是另外一条成长路线。他是开放年代成长起来的专业人士，出道不久就在国际投资咨询机构任职，早就练就一副全球眼光看世界。记得一起从旧金山、洛杉矶到波士顿，路上煜全对跨度很大的行业及相关先进技术，可以将来龙去脉讲得清清楚楚，如数家珍。对各类他们投资的美国科技公司，从董事长到首席科学家，个个都像朋友一样，私交甚笃，介绍点评的分寸十分恰当。在容易乏味的长途大巴上，煜全甚至把他的红酒知识像专业课程一样，讲得头头是道，且经得起见多识广的团员们的诘问。如此一位"洋"化程度甚高之辈，怎么会把从泥土里成长起来的中国制造业看得如此之重?

他当时的自我解读，就是"搭积木"。在煜全看来，美国的科研基础雄厚，原创创意能力非凡。不过那也只是一块积木而已，尽管色彩夺目、造型不凡，但只靠那一块积木，还是搭不出一件大器。中国说落后也不是一天两天的落后，但毕竟改革开放几十年，好歹手里也拿得出一块"长板"，那就是品类齐全、跨度极大的制造业。还不是那么好看，搭到耀眼处怕不能夺人眼球，但搭到底部，把硅谷、128公路、特拉维夫等地的非凡创意大批量制造成能满足全球多层次消费者需求的产品，那就不仅够格，且绝对有世界范围内的竞争力！听明白了:"搭积木式创新"者，全球化分工合作体系是也。

不过"搭积木"毕竟是一套比喻，按当年同行的兆丰老师（现在他是知名天下的网红经济学老师）的观点，严格准确的科学表达，不能靠比喻，必须把清楚明白、含义精准的概念，合乎逻辑地连接成命题，然后不断敲打锤炼成可供检验的判断。思维挑战来了，我关心煜全怎样应对。

本书就是王煜全的新回答。比喻不见了，代以出现的，是一套比较严谨的表述。读来我觉得最重要的判断，是“科技革命的模式正在发生革命性的变革”。何以见得？“工业革命是科技给产业带来的革命，现在是科技创新本身的革命，它使得科技的价值被指数级地发挥出来。这是因为，过去的科技创新往往是随机发生的个人行为，现在的科技创新则表现出一种系统性。擅长某一环节的人各司其职，共同完成科技创新的整体操作，极大地提升了效率。这促成了新一轮科技产业的井喷，推动大量新兴科技企业的产生。”

这场“科技革命模式的革命性变革”，是战后新一轮全球化的产物，因此，它不是也不可能只发生在某一个国家如美国，也不仅仅限于一小批国家如日本和西欧诸国，而是席卷发达经济体和新兴市场经济体，把在全球化进程中积极发挥各自比较优势的所有国家、地区、机构与个人都囊括其中的、比产业革命还要伟大的科创产业革命。

作者在书中大声说：“如果我们大家一起帮助中国把握住这个机会，相信经过多年的发展，中国不仅能够成为经济强国，更可以是科技强国、产业强国。这是中国借由我们自己对科技创新的支持，支持全球创新，进而支持全球经济发展的一个重要机遇。”读者若问凭什么，那我们就有机会读到最让我欣赏的“煜全判定”：“中国的优势在哪里呢？从全球创新生态体系的维度来看，我觉得优势更多应在我们开放的、大规模的、复杂产品的制造能力，这是中国在过去 40 年的时间里练就的本领，是我们可以支持和加速全球科技创新的‘长板’。”

《资本的秘密》序[①]

在很多情况下，读者无缘与作者见面，更难有机会听到作者本人阐释他或她写在书中的思想。那些久经岁月磨砺的传世之作，轮到我辈开卷之时，作者大抵早已作古，再也见不到了。当代的著述，情况或有不同。对那些能够进入读者心智的优秀作品，先读其文，后见其人，再闻其声，甚至拜到门下求学，机会不多，总还是有的。

但是本书于我，却是以上诸种情形的一个反例。20 多年前，我在外访学期间，被一个讲座的题目吸引，早早到场占位。记

① 本文为作者为《资本的秘密》所作的推荐文章。

得演讲厅里座无虚席，讲者精神饱满，神情生动，走上讲台开始自我介绍——“我是赫尔南多·德·索托”。接着，他从上装内侧口袋拿出一本护照，高高举起，“但要是没有这本护照，我就绝无可能从自己的国家，来到此地给各位讲话”。大概料到听众多少有点愕然，他缓缓解释道：“其实我的父母、兄弟姐妹，以及乡里乡亲或左邻右舍，根本不需要看我的护照，也知道——并坚信不疑——我就是德·索托。可是一旦离开我的那个熟人世界，倘若没有一个合法的身份表达，我就寸步难行！”

相信在场不少听众和我一样，思绪立刻就被他这几句开场白搅得飞快转动。寸步难行又怎么样？对他本人——以及每个在场的自己——究竟会有什么样了不得的影响？不难明白，倘若没有一个合法的身份表达，我这个中国人也出不了远门，更遑论出国访学，坐进一间知名国际机构的演讲厅里，听一位来自南美洲的学者的学术报告。不是吗，如果自孔夫子和亚里士多德以降的全世界学人，一律只在本乡本土范围内讨生活，那么除了极个别学究天人（据说康德从不出远门），世上还能不能有学问这回事？

德·索托后面的讲演仿佛行云流水。所谓“身份的合法表达”，其实是“权利的合法表达”。个中道理也简明——如果身份不自由，其权利表达如同刻在奴隶身上的烙印，彰显的反而是其人身自由的障碍。唯当确立了人身自由的权利，其合法表达如身份证、护照及相关核查设施，才成为便利各国国民自由出行的手段。由人及物，此理皆通。从家禽家畜、土地、农作物、房屋和其他建筑、机器设备，直到看似非物质的想法、创意和知识等林林总总，一旦获得清楚的权利界定与合法的权利表达，就能在范围更为广大、形式更为多样的使用、买卖、租赁、抵押、投资等经济活动中，提供费用低廉的支撑，就能从人类经济活动不可或缺的资产里，不断地释放出因大规模复杂合作而源源不断增加的资本。

最后一点，是德·索托的精华所在。他反复强调，资产不等于资本。作为具有归属含义的资源，资产所能释放的资本潜能大相径庭。母牛生小牛当然可以算资产增值，但无论怎样生生不息，由实物资产直接带出的价值，总不能与以下方式比肩——把实物资产的权利抽象出来，给予合法表达，参与交易，特别是大范围交易，不断变现为货币，再用货币投资于更大范围内潜在收益更高的实物或非实物资产。在德·索托那里，“资本”不是别的，恰恰是资产在市场里不断流转所能释放出来的流动的价值。

德·索托的那场讲演，以及听完后就在附近书店购得的这本《资本的秘密》，对我而言，的确没有多少不易理解的地方。我等这辈人，有幸见证过中国农民在改革开放后大幅增加收入的历程。农民的收入何来？来自他们占用资产提供的服务。虽然农民们的资产向来就存在，但唯有扩大自由，明晰界定，并使之得到合法表达的权利保障，他们的资产及其带出来的收入才流转于日益扩展的市场，才可能让那些起初看似微不足道的资产——自身的劳力、承包的土地、自营的摊位、商铺、作坊和工厂——有机会沿着“资产—收入—资本”不断蛹变的逻辑，释放出原本无从想象的资本潜能。

真正让我感到好奇的，是如此像窗户纸般一捅就破、任谁也看得明白的道理，怎么就被德·索托先生发现了？他的履历，给出了答案。20 世纪 40 年代，赫尔南多·德·索托生于秘鲁南部城市阿雷基帕，后来随外交官父亲移民到瑞士，在日内瓦接受教育，并完成研究生学业。毕业后他担任过几个国际组织的经济学家，并在欧洲公司担任高管和顾问。正是“富裕欧洲”与“贫穷秘鲁”之间的巨大反差，激发着德·索托不断追问反差的根源，不断探索缩小反差的可行路径。

基于他自己对贫富两极社会的深入观察和切身体验，德·索托抓住了一个最基本的事实，那就是在资源富饶的秘鲁，仅仅是落后的政治和法律制度，就让穷人们创造、控制、占有着的海量资产，不得不以没有门牌号的建筑、不合法的店铺和工厂的形式存在，无法进入普遍、连续和复杂的市场交易，穷人资产像被施加了魔法一般，无从释放隐匿其中的潜在资本！秘鲁穷人因此就被一座无形的“钟罩”，无情地隔绝在凭他们付出的艰辛完全应该有希望过上的富裕生活之外。

这里或许还隐藏着由德·索托来发现“资本秘密”的秘密。比之于当代欧美人士，德·索托在认知方面具有一项比较优势，那就是他对秘鲁经济不仅有直接观察和切身体验，而且还下过多年系统调查的功夫。1979 年，时年 38 岁的德·索托回利马创办智库ILD（Institute of Laborer and Democracy，劳工与民主研究所），调查在秘鲁“非正规经济”里由穷人创立并拥有的未经登记的各类资产，估算其市场价值，研究释放这惊人庞大资产内资本潜能的可行路径，又在调查研究的基础之上，设计并参与相关政策执行的社会实验。例如，ILD参与秘鲁财产制度的行政改革，赋予约 120 万个家庭合法所有权，并通过消除官僚主义的繁文缛节，包括不当限制的注册、许可和法律，帮助约 38 万家以前在秘鲁经营的公司从黑市进入正规经济。

德·索托甚至对为什么偏偏在“钟罩”内的西方经济体资本却极其充裕的现实，发起追问和探查。他发现，仅仅在 100 多年之前，欧美发达经济体的状况与当代秘鲁等国的状况并没有本质差别，那些陈旧过时的观念、政治与法律体系，一样把广大穷人隔绝在不断释放资本潜能的“钟罩”之外。由此他把自己的调查研究范围扩大到发达经济体走过的历史路径，特别聚焦于“究竟哪些变革，导致当年貌似发展无望的西方经济转入长期持续增长”。本书有关这方面的论述，尤其是专写美国历史的经验教训的第五章，极具阅读价值。德·索托告诉他的读者，如果不是以1861年《宅地法》为代表的美国法律变革，从打击、排斥转向吸纳和承认数千万移民穷人的僭占土地和僭建建筑，在一派混乱中理出一个财产权与契约框架的头绪，美国断然不可能成为日后的资本大国。

独到的认知带出独到的判断、命题、理论和政策主张。难怪德·索托和他的团队在众多关于以发展消除贫困的思想流派中独树一帜。他们不认为贫困源于资源匮乏，他们不同意贫穷是因为资产不足，他们不相信重新分配资产就能够一劳永逸地拔除穷根，他们更对穷人缺乏致富动力之说或种种“文化成因”嗤之以鼻。基于对秘鲁以及许多类似秘鲁经济社会的系统调查，并与发达经济体早期经验相对照，他们认定，发展的深厚潜力就藏在穷人经济的现实之中，真正需要的是以清晰且可合法表达的权利来保障扩展的自由，借助日益复杂的分工和合作帮助穷人走向无远弗届的市场。这是资本的秘密、致富的秘密，也是发展的秘密。

相信一定有读者朋友和我一样，越是读到令人欣赏的作品，越是提醒自己要注意相关的批评。在当今的检索条件下，做到这一点毫不困难。就在ILD自己的网页上，我们就可以读到很多批判性评论，以及德·索托和他的同事们对此做出的答辩。这些不同意见激发着我们更深入地思考，譬如在我们所处的时代，究竟需要多一本《21 世纪资本论》，还是多一本《资本的秘密》？抑或我们把这些大相径庭的著作一并装入书包，继承自古典政治经济学以来的优良传统，走进真实世界的实验室，检验、再检验所有读到的理论、逻辑和命题，然后得出我们自己的结论？

2022 年 6 月 8 日于河西走廊

为陈东升序[①]

通常所讲的中国经济转型，包括两部分。其一是党和国家工作重点转向经济，其二是经济体制从计划转向市场。经济转型影响改革开放以来数亿中国人的日常生活，在波澜壮阔的变革中涌现无数精彩故事，值得记录和总结。

转型最难点在于微观基础。回想40余年之前，最普遍的经济组织并不是企业，而是“单位”。它们数目极其庞大，分类非常多样，但经济性质却很是单一：清一色国家所有或集体所有，自上而下靠行政命令配置资源，普遍效率低下又缺乏自

① 本文为作者为陈东升著作《战略决定一切》所作的推荐序。

主变革动力。讲到底，它们不过都是苏联式超级国家公司的附属机构。

1979 年，前辈学者、时任中国社会科学院工业经济研究所所长蒋一苇先生发表《企业本位论》。文章问道："经济体制改革应当从何处入手？"他的答案是，重建国民经济之基——具有独立经营、自主发展能力的企业。这意味着，发展经济再不能以国家行政权力为本，再不能以内行计划命令的超级国家公司为本，而必须以独具自主能力的企业为本。

几十年后回头看，不能不感佩蒋一苇先生的远见卓识。不是吗？遍看今日国民经济，最活跃、最平常、最普遍的微观细胞就是各类企业。绝大多数就业，是在企业的就业，绝大多数经济决策，是企业的决策，惊人庞大的国民经济总量不过是企业产出加总之和。就是屡占新闻头条的宏观调控，也是试图运用政策工具，间接约束和影响企业决策与行为。

倘若回顾，一个根深蒂固以国家为本位的社会，究竟是如何转向以企业为本位的市场经济，那么除了到思想政治伟大变革里寻找答案，我们还必须到改革第一线，在那些敢为天下先的创制企业的实践者那里，发现乾坤扭转的真正秘诀。

简要梳理一下，当下活跃于中国经济里数以千万计的企业，大致上有三条来路。第一，改革原国企与集体所有制企业；第二，开放引进外资企业；第三，新兴民营企业。这三大

“企业发生物种”当中，又各有具体路径、演化机制相异的细分类别，共同构成极为丰富多彩的中国企业种群生态。

本书提供的，是改革开放后新创办民企里的一个精彩案例。故事开头，是 1983 年一名应届大学毕业生从武汉到北京一个国家单位报到；故事主线，是本书作者怎样从国家单位“书生下海”，开启创办一家民营企业的艰难历程；故事结局，则是在全球市场经济的汪洋大海里，从此多出一艘被标记为“世界 500 强”的商业巨轮。身为中国经济变革的观察者、研究者，理性上再冷静，再客观，怕也难掩感性上的激动：这样的故事究竟是怎么在一代人之中发生的？

当然归结为改革开放大时代。不过也不尽然，因为同一个大时代里多少下海豪杰，包括高学历书生下海办企业的，出师未捷、壮志未酬的也所在多有。那么，是不是本书作者鸿运高照、运气特好？有点道理。但潮起潮落几十年，运气老是眷顾陈东升，时间老是做泰康的朋友，怕总有运气解释不了的法门吧？

这正是本书引人入胜之处。时代、环境、潮流、运气，哪样都不可缺，但是要集万千有利因子于一家企业之身，企业家的谋划、运筹、决断能力以及组织能力，断不可少。所有成功的黄金组合之中，那些可遇不可求的时与势，实在勉强不得，想搬也搬不来。但那些可作为、可学习、可能动发力的，特别是经由本书作者那样用心概括、提炼和总结的他山之石，就是明眼人不会轻易放过的宝贝。

读书怕也要以问题为导向吧？我读此书的向导，除了多年关注中国经济转型，特别聚焦于如何从单位本位转向企业本位这样一条大线索，还有一条与民企特别相关的小线索。那就是，白手起家的民企，究竟如何通过“本事-本钱”的交替互换，逐步积累起对付市场不确定性的企业之本，以本博利，以利固本，最后在市场里成就一家了不起企业的梦想。朋友，你不妨也试试，带着一条问题线索开始阅读，并通过阅读本书，启迪自己的认知。

最后，当社会转入以企业为本位的发展路径，经济画卷的展开无论如何总与过往不同。不会一条大道笔直向前，转型的起起落落在所难免。在每个重大转变的关键节点，企业家精神和企业家本事都具有特别的价值。在这个意义上，来自实践当事人亲自提炼和概括的经验总结，是给未来继续深化的经济转型，给未来的企业人，献上的一份精神食粮。

是为序。

2024 年 6 月 30 日

于北大承泽园

为陈老序[①]

在中国改革开放的宏伟画卷中，无数草根企业家以他们非凡的胆识、坚韧的意志和绝不言弃的奋斗精神，为中国制造业在全球经济舞台的崛起做出了卓越的历史贡献。本书作者陈福兴，就是众星闪耀大时代里的一颗明星。

有幸结识陈老，是笔者多年从事经济调查研究获得的一份偏得。在过往的文字里，我记述了这段人生机缘：

第一次见潘宁，是1998年在成都。当时科龙到西南大展

① 本文为作者为陈福兴著作所作序言，但该书尚未正式出版。——编者注

拳脚，收购一家军工厂的车间改建冰箱生产线。潘宁的讲话，沉稳里透出豪情。当时中国出现通货紧缩，经济景气“冷”得厉害，科龙偏偏在那个时刻大举投资，不能不触发我的好奇心。当面问潘宁，他只回答了一句——到热的时候就晚了。从此我对科龙就上了心。

几个月后，河北省请潘宁给当地企业家讲话。得到消息，我凌晨起身从北京赶到石家庄听他的报告。还是那个风格，沉稳里透出豪情，阐释经营企业的核心理念——不熟不做。潘宁讲得仔细，河北企业家听得入神，我这个研究经济的更觉得“执到了宝”。午后，潘要赶北京的航班到香港，碰巧科龙的车子没有办妥进京证。我看时来运到，毛遂自荐说自己1986年就拿到驾照，不妨让我捎他回北京。没想到，潘总还真敢上我这个北大教书先生的车。

回程路上下雨，我要集中对付路况，但还是有几句交谈。科龙1993年在香港上市，所以潘宁时不时要到香港出差。谈到香港和内地企业经营环境的差别，潘宁在车上有一句话让我至今难忘。他说，在香港不需要结识官员，可以将百分之百的时间用于市场和业务；回来呢，你非应酬不可！我想，从细部观察，中国的改革还有千山万水要走。从此我访问企业就多了一道必问的题目：多少时间用于市场？多少时间应酬官场？

有了给潘宁当过一回司机的交情，次年我到科龙做调查就顺理成章了。潘宁完全不管我，我想找谁谈就找谁谈，想问什么就问什么。记得在容奇镇住了一周，每天到科龙不同的部门访问。对我帮助最大的是潘宁创业团队里的陈总，最早的三台“容声”冰箱——也是国内第一次生产的双门冰箱——就是他在1984年领着几个师傅手工敲出来的。陈总告诉我，把那三台冰箱拉到香港，技术鉴定合格，但要申请国内许可却比登天还难。

（见《可惜了，科龙》，发表于2005年《21世纪经济报道》）

这里提到的陈总，就是时任科龙集团副总裁的陈福兴。简言之，我是先认识潘宁，再认识陈福兴的。当年陈总讲的故事，让人过耳难忘。可他很少谈自己。多少年过后，我还是被一个问号纠缠：像陈总这样的草根英雄，究竟从哪里得来的过人之处，才在时代大潮里创下永远让后人敬佩的业绩？

好了，现在终于得到陈老回首人生的大作，让我等后辈可以一窥究竟，也增添我们对有意义人生的感悟。

陈老的早年生活，是一段充满挑战与奋斗的历程。从工人到技术研发者，他的足迹遍布多个行业。无论命运把他“分配”到哪里，担任任何角色，他都一以贯之对知识的渴望和对技术的追求。这份干什么都求干好、永远直面挑战的精气神，为他日后在科龙电器创造的成就奠定了厚实基础。

回顾平生，陈老有时似乎轻轻一笔，就把一件惊天事件，说得像平常故事一桩。譬如书中提到，1984年陈老带领团队，以9万元试制费为本钱，手工打造出中国第一台双门电冰箱。很平常吧？但是倘若我们了解当时的产业大背景，会知道那是多么了不起的一项创举！

各位读者，20世纪80年代，在世界各发达经济体，冰箱早已进入平常百姓家。但中国是个发展中国家，虽然1956年在苏联帮助下投建了国产冰箱厂，但到1978年为止，累计生产不过十几万台，远远无法满足十数亿人口大国的需要。但对当时的中国经济而言，冰箱生产的门槛可是不低，引进一条生产线，动辄耗资数千万元，外加制冷、保温所涉生产流程长，工艺复杂，设备及其关键部组件制造难度极高。当时的流行打法是引进，居然有九个省市向一家意大利公司购买同一型号冰箱生产线（每条线3000万元），时称“阿里斯顿九兄弟”。

潘宁和陈老所在的容奇镇，哪里有如此大的财力？但开拓新产品、新市场，镇办企业又无路可走。困境之下，时势呼唤英雄，潘宁陈老们志在必得，非上冰箱不可。最后陈老提议，潘宁说动镇上，拿出9万元试制费，自己动手，先拆解一个冰箱，再通过逆向工程理解设计思路，试制组件和零配件，直到装配出一个新的冰箱。此回忆，涉及中国制造崛起的一个重要场景，值得细读再三：

我向胡兆群提议：买个冰箱回来，拆解分析，对无把握的工艺技术，进行研究攻关。攻关成功，有把握后，投资造冰箱；若攻关失败，便不要上了。

我对他说，我们有两年电饭煲生产经验，很多生产工艺技术，与冰箱雷同，如五金零件冲压模具、表面喷涂等，我们不懂的是制冷技术、内胆真空吸塑成型技术、聚氨酯发泡技术。

他同意我的意见。

于是，立即在商店买了一台双开门冰箱，并且做了一个9.85万元试制计划。

赴京考察期间，花了40多元钱，沿途买了几本关于制冷的书。回来后，在家看了几日书，觉得制冷原理不复杂。

我找关志华，对他说：我们要造冰箱，你先回家，用几日时间，看完这些书再来找我。关志华一脸错愕说：修线切割机，是电器技术，你可以逼我修；造冰箱是制冷技术，我不懂，你不能再逼我！

我命令说：现在不是逼你，看几日书后再找我。

关志华还是拿了书回家，几日后，他回厂对我坦承“制冷原理不复杂”，与我看书后的感觉一模一样。我叫他马上找一家电冰箱维修站，学习抽真空灌雪种、制冷检测技巧，学会后才能回来。

一个星期后，他学成归来。

拆解冰箱后，成立攻关试制组，由黄小池负责发泡，重点是聚氨酯泡料两组分的配比；关志华负责制冷及检测技术；陈耀祖负责塑料内胆真空吸塑成型；由10人组成的金属组负责板、管等钣金零件。

准备进行真空吸塑试制内胆前几日，花4万多元买的真空吸塑机，因贮气罐丢失事，延误两天后才运回来。

在各试制组的努力下，试制进入总装阶段。

总装这一天阳光普照，是个好兆头！

总装过程，比较顺利，在箱体发泡时，由于无发泡机，用手工搅拌鸡蛋的办法，把聚氨酯泡料两组分混合。起初，因混合均匀度及泡料量有点问题，发泡时把模夹具挤压得有点变形倾向。试制人员站在模夹具上，发泡后再未变形。

我们用了一天时间，到下午五时多，第一台容声电冰箱总装完毕。我即叫人到厂门口附近士多店买几瓶汽水，放入冰箱，并放入玻璃温度计，关上门，然后收工。

第二天开工，试制人员第一时间来看这台冰箱。人齐后，打开冰箱门，见汽水瓶全部破碎，碎玻璃与汽水冰冻粘在一起，再一看温度计，零下18摄氏度，当时第一反应是达到三星级冰箱标准，各人无比兴奋。佛山地区第一台容声冰箱在容声电器厂诞生了！

复盘一下吧。花几千万元引进产线、买技术实现本土制造，固然是一条康庄大道，但前提是有那笔钱，且易行之路往往走不远。陈老试制之路，起步资金门槛低，钻研门槛又极高，是条难走的路，但磨砺创新精神，锻炼开发本领。事后实践证明，靠 9 万元研制费起手，试制成功再以 40 万元资本金外加 400 万元银行贷款起家的科龙，日后在中国冰箱市场上连续 9 年销量夺冠，而一时财大气粗的“阿里斯顿九兄弟”却一个接一个没了踪影。比较之下，给中国制造业，也给全世界所有后发经济的制造业，留下发人深省的启迪。

陈总对科龙更大的贡献，是以超前的质量管理理念，确立了“以质取胜”的企业发展基调。在他的带领下，科龙电器建立了严格的质量控制体系，确保了产品的高标准和高品质，赢得了市场和消费者的信任。我最后一次在容奇镇与他告别时，他送给我一整套科龙公司质量管理体系的文本，那是他花费一生的心血，贡献于中国制造从草根到跻身全球先进伟业的见证。须知科龙诞生的时代以物质极度短缺为特色，消费者与整个社会的流行意识是“求量不求质”，陈老在那个历史时期就把产品质量牢牢地置于产品数量之前，不但理念先进，更摸索出一整套贯彻到生产第一线的品控体系，厥功至伟。科龙历经磨难，到今天，创业时的容声品牌还在市场上有一席之地，这绝不是轻轻松松就可以取得的成就。

当然，一家公司要做成百年老店，仅靠产品质量还不够，必须有高品质的公司质量。这就涉及政商环境、产权制度、治理结构、契约文明等一系列因素。那也并非陈老和潘宁这些科龙公司实际创始人能够完全驾驭的。科龙后来的命运令人惋惜，超越了在位诸公能够把握的范围，后人不应该加以苛求。唯可以存留的希望，是留下历史教训，好叫中国制造以后所行之路，尽可能避开那些令人扼腕的文化与体制成本之坑。

这方面，本书着墨不多。潘宁自 1999 年突然去职之后，对科龙再没有说过一句话。陈老亦然，他与潘宁同进同退，涉及敏感话题，也一样回避细说重头。读者仅可以从本书不多段落的字里行间，读到陈老那一代人对体制“魔咒”的反思与无奈。

在长期的计划经济下，我国国有企业，包括乡镇企业，企业产权属政府。所以，政府既是企业的行政管理者，又是企业资产管理者，两者重叠。政府领导人没有企业家创业艰辛、市场摸爬滚打的经历，远离生产，远离市场。地方政府几年一换届，出于地方经济利益和上级压下来的GDP政绩考核等因素，领导人与企业家的矛盾便在所难免。因为领导是上级，处“老板”地位，企业家是下级，处“打工仔”地位。为此，企业家要耗大量精力维系和领导的关系。当激烈的市场竞争和上级要求不符合企业参与市场竞争的实际情况，矛盾处理不好，稍有差池，企业和企业家面临的就不是一般的风险。

风物长宜放眼量。今天回看科龙公司创业历程时，方方面面尽收眼底，我们还是从心底对陈老和潘宁那一辈开拓者心存敬意。向陈老致敬，就是要继承他的创业创新精神，就是要继承他直面挑战、勇于解决问题的实干精神。我们还要努力，在坚持改革开放、深化体制改革的进程里，消除妨碍创新的种种魔咒，更大程度解放思想、解放生产力，更大程度释放企业家精神。

是为序。

2024 年 7 月 14 日